최상돈의 4·3순례
애기동백꽃의 노래

최상돈의 4·3순례
애기동백꽃의 노래
-나는 노래와 함께 섬땅을

초판 발행 · 2022년 10월 5일
초판 인쇄 · 2022년 9월 25일

지은이 · 최 상 돈
펴낸이 · 강 정 희

펴낸곳 · 도서출판 각 Ltd.
출판등록 · 등록번호 제651-2016-000013호
주소 · (63168) 제주특별자치도 제주시 관덕로6길 17 2층
전화 · 064·725·4410
팩스 · 064·759·4410
홈페이지 · www.gakbook.com
전자우편 · gakgak@empas.com

ISBN 979-11-88339-88-4 03670

값 20,000 원

* 이 책 내용의 전부 또는 일부를 재사용하려면 저자와 도서출판 각, 양측의 동의를 받아야 합니다.
* 이 책은 2021년도 제주4·3평화재단의 지원을 받았습니다.

최상돈의 4·3순례

애기동백꽃의 노래
-나는 노래와 함께 섬땅을

차 례

프롤로그_9

始原, 그 봄날을 그리다_15
    1월. 順伊삼촌, 북촌 가는 길_17
    2월. 사월굿 헛묘, 빔과 채움_41
    3월. 동백꽃 지다, 자연에 禮_64

그 해 여름, 바람꽃처럼_85
    4월. 統一獨立戰取의 길_87
    5월. 死삶抗爭大動의 길_109
    6월. 辛丑濟州抗爭의 길_127

재회, 가을날의 그 약속_155
    7월. 칠월칠석, 섯알오름 길_157
    8월. 속냉이골, 노란 선인장_182
    9월. 死삶, 다랑쉬와 영모원_209

그해 겨울, 봄맞이처럼_235
      10월. 제주섬, 이어도 緣由_237
      11월. 통일 완충지대, 在日_259
      12월. 평화공원, 그 이름값_286

에필로그_309

서시

새가, 동박새가 꽃잎에 날아들고, 그 해 겨울
뜨거운 사랑을 하네.

봄이 오자, 눈이 녹아, 눈물이 솟고
통으로 꽃은 지고
님 그려 새는 울고
그렇게 둘은 긴 이별을 하였네.

눈 녹아도 눈물이요
새 울어도 눈물이니
꽃 피어도 눈물입니다.
눈물이 눈물 되어 흘러 꽃을 피워야 합니다.
눈물이 눈물 되어 흘러 바다를 가야 합니다.
안개바다 하늘 날아 백록담수 채우고
막힌 천지 강물 흘러 임진강을 녹입니다.
다도해 돌다리 건너
반도를 엽니다.
만주를 갑니다.

산은, 하얗게 꽃 피는 계절
눈꽃 위 붉은 동백 통으로 흐드러진 계절
봄, 햇살에
눈, 녹아내리면
눈에는 눈물 고이고

가을바람에 들리는 노래, 오름마다 억새들판입니다.
임 마중 나갔던 계집아이 애기 동백꽃으로 피었습니다.

꽃 지고 피는 것은 바람이라도 전하여 가늠이 되지만
사람 나고 가는 것은 알리 아무도 없네.
꽃 피어도
사람 없네.
약속, 봄을 그리는 꽃비는 다시 내리고.

프롤로그

나에게

내가 4·3 노래를 처음 만든 게 언제인지 잠시 떠 올려본다. 책으로 보고, 말로 듣고, 그렇게 생긴 감성으로 들뜬 자랑스러움과 흥분으로 노래를 만들기 시작하던 때가 있었지. 그러나 상상은 쉽고 자유로웠으나 형상 사유는 함부로 할 수 없었지. 그래서 현장을 찾아 거기서 받은 감성에 지배받기 시작하여 만든 노래들. 그 노래들을 가지고 이곳에 다시 오리라던 게 이제 좀 실천에 옮겨지나 보다. 예전 기억들이 떠오른다.

유적을 찾아 산중을 헤매다가 그냥 돌아온 일, 안내를 하다가 목이 메어 설명은커녕 오히려 울어 버린 그 사람, 으레 들고 갔던 음료수 중 콜라를 죄다 땅에 버린 순례단 이야기. 좁디좁은 동굴을 기어가다 앞사람이 멈추면 꼼짝없이 포복한 채 기다리던 큰넓궤, 암흑에서 손잡고 부르던 노래들. 암흑 속에 만난 박쥐와 눈이 마주쳤을 때 들렸던 환청. '왜 이제야 왔...?' 그 순간 4·3은 박쥐처럼 경계에 있다는 것을 새삼 또 알았지. 떨어지는 폭포물줄기 소리보다 더 큰 함성을 지르려는 관광객들, 원혼을 삼킨 파도소리를 비교하던 정방폭포, 다랑쉬오름을 오르다가 문득 돌아 본 눈에 든 마을 정경, 강요배 선생이 그린 가마귀떼. 통으로 지는 동백꽃이 왜 4·3인지 알아갈 즈음 '동박새가 외로워 울겠구나.' 했던.

여보게, 그대 섬을 사랑한다고 말했지. 그래, 그대 말처럼 섬을 사랑하는 사람들이 제주를 찾아 섬이 들썩거릴 정도로 삶의 기운이 넘쳐 났으면 좋겠

2006년 2월, 제주시 동문시장에서 구입한 잠바. 일종의 작은 의식이었다.

다. 거기엔 좌도 우도 없이, 더욱이 섬을 찾는 사람들이나 섬을 지키는 사람들이 모두 섬의 진정을 사랑하여 섬에 살고 싶어서 안달하는 춤을 추며 놀았으면 정말 좋겠다. 관광해서 떠나고, 환상을 쫓다 떠나고, 낭만을 찾다 떠나는 섬이 아니라, 섬이 부르는 노래 한 자락 할 줄 알고, 섬이 아픈 것을 쓰다듬어 줄 줄 알고, 섬이 지닌 것을 자랑스럽게 여기고, 조금씩 섬에게 다가가 결국 섬이 되어 살았으면 좋겠다.

그렇지. 굳이 '전통과 문화, 역사가 살아있는'이란 수식어도 필요 없이. 그저 좋은 말을 갖다 붙여 떠들어대지 않아도, 섬은 알고 있으니까. 섬은 삶이자 죽음, 즉 터전이니까. 섬은 앉아 있는 것이 아닌 섬이니까. 움직이기 위한 일어섬이고, 변하지 않고 늘 그 자리에 있는 섬이니까. 그런 섬을 위해.

동문시장에 들려, 싸고 가벼운 잠바 하나 사야겠다. 얼마동안 입을 수 있으려나. 다 헤져서 못 입게 되어도 어쩌면 버리지 못할지도 모른다.

순례 동행

　가벼운 소풍처럼 떠날 것입니다. 분명한 것은 다녀간다는 그 이상의 기억을 되짚어 기리고 체화하는 순례를 할 겁니다. 아직 봄은 오지 않았고, 산에 눈도 덜 녹았습니다. 우리들 눈가도 시립니다. 좀 더 진정한 제주를 가슴에 담아 가는 순례길을 만들 것입니다. 그래서 우리네 삶과 죽음, 제주의 진정을 몸소 배우고, 평화라는 수식어를 기쁘게 받아 안을 것입니다. 가슴에 아직 마르지 않는 눈물샘이 있을 때 길을 떠납니다.
　모든 경비는 스스로 해결합니다. 모든 준비물, 특히 점심 등. 순례길에 마당을 내어 북치고 장구치고 노래하며 풀다 오렵니다. 어느 누가 둥둥 북을, 설쉐소리, 대양소리를 함께 울려주면 더 좋겠지요. 그 장단에 시 한편 낭송은 어떠며, 춤을 나누면 더욱 풍성하겠지요. 붓을 가진 사람은 그림을. 그러다가 마음 담긴 술 한잔은 어떻습니까.
　제주섬 올레마다 이별이야기가 들립니다. 산으로 바다로 간 후 아직 소식 없는 우리네 형, 누이. 이제나 갈까 저제나 올까 하며 흐른 세월. 먼저 마중 가야 오실 것 같습니다. '이제랑 오십서' 하며 현해탄 보다 깊은, 임진강 보다 추운 제주 바다로 오실 님. 우리는 오늘 마중 갑니다. '꼭 살앙 이서이~ 꼭 살앙 다시 만나게'라는 막연(?)한 약속은 죽음과 삶으로 나뉘어져 60갑자를 앞두고 있습니다.
　그처럼 온전하지 못한 우리네 만남은 역시 온전하지 못한 우리나라와 무척 닮았습니다. 4·3의 역사가 온전하게 규명되어야 우리나라도 온전한 하나가 되고, 그 온전한 만남처럼 제주섬도 진정 혼백이 하나로 만나겠지요.

주마등처럼 재생되어 트라우마처럼 굳어지는 기억들. 그 슬프고 아픈 기억을 극복하고 자랑스러운 역사로 기억하기 위하여, 얼마 남지 않은 역사의 흔적들을 따라 마음 하나 그대로 내어놓아 섬의 진정을 만나 오면 되는 일입니다. 벗들이, 넋들이, 우리를 품어주는 자연이 관객입니다.

동백꽃이 노래가 되기까지는 여러 이야기가 있습니다. 그중 가장 큰 밑거름이 된 이야기를 꺼내어 봅니다. 여타 다른 '노래만들기'처럼 이도 또한 현장에서 동기 부여받았습니다. 고향-청수. 그리고 어머니. 내 어린 시절, 학교를 마치고 집에 돌아오면, 집은 아무도 없고 쥐 죽은 듯 고요한 올레를 나서지만 마을도 고요했던 기억이 있습니다. 모두가 밭에 일을 간 상황. 이는 마치 1948년 5월 초에 불었던 바람과 겹쳐왔습니다.

우리나라가 둘로 쪼개지는 분단선거를 반대하기 위하여 한라산을 간 제주사람들처럼, 그날의 고요한 마을 공기, 선거를 독려하러 나왔던 경찰이 느꼈던 조용한 공포. 그 상상이 되는 바람이었습니다. 이제 아이들은 각자 부모가 있는 밭을 찾아 나서야 했습니다. 그 밭을 찾아가는 길은 고개를 넘어야 합니다. 그 고개마루 이름이 '검보낭치'라 기억합니다. 그 검보낭치에 동백꽃이 피어 있던 것을 기억합니다. 어머니를, 아버지를, 누이를, 님 마중 나갔다는 동백꽃이었습니다. 순례길에 뵙겠습니다.

애기 동백꽃의 노래
(2001)

始原, 그 봄날을 그리다

始原
만남도 모르고 이별이란 말도 모르던 계절. 생각하면 아름답고 가슴 아리는 그림.
그리움은 채우고 채워도 채워지지 않고, 길은 걷고 걸어도 끝 간 데 없네.
바람 불어 꽃잎 날고, 아이들의 노래는 여전히 고운데……

봄날
눈과 얼음사이, 겨울눈 녹이며 피는 얼음새꽃의 노란 희망.
눈물은 눈물 되어 바다를 만나고, 맑고 고운 하늘에 불릴 이름 석 자 불릴 날.
그 생명 축제를 향한 애달픈 그리움은 고향 언덕 올레마다 꽃으로 피고……

그림
바람결에 오실 님 그려, 그리움을 채우고 채우며 걷고 걷네.
서천꽃밭 하늘 열리면 이름 석 자 하늘마다 애달픈 꽃비로 내리고.
텅 빈 마음 다지고 다져 그리움 채우니 넋은 오르고 벗님은 노래하니 하나 되어 춤추네.

1월. 順伊삼촌, 북촌 가는 길

    1. '순이삼촌'의 시선

    2. 북촌 가는 순례길

2월. 사월굿 헛묘, 빔과 채움

    1. '헛墓'를 다지다

    2. 빔과 채움의 길

3월. 동백꽃 지다, 자연에 禮

    1. '동백꽃 지다'처럼

    2. 자연에 대한 예의

順伊삼촌, 북촌 가는 길

'순이삼촌'의 시선

'順伊삼촌'은 1978년 〈창작과 비평〉 가을호에 발표 된 중편소설이다. 작가 현기영은 1941년 제주 출생으로 이 소설로 공안당국에 끌려가 고초를 겪기도 하였다.

젊은 현기영은 소설을 쓰기 위해 가슴 졸이는 취재를 하여야만 했다 한다. 증언을 피하는 사람을 만나는 것은 일상이었고, 말 없이 울기만 하는 사람들 앞에선 같이 울 수밖에 없던 일. 때론 기관원으로 의심받기도 하고, 여럿이 모여 있을 때는 서로 눈치 살피느라 오히려 말도 않고 해서 한 사람씩 부탁을 하여야 했고, 설탕포대를 사 가지고 다니면서 보답을 드렸고, 사연을 들으면서 흘린 눈물이 원고를 지워 버렸던 기억도 있다 했다.

그게 피 눈물인 거였겠다. 젊은 작가는 스스로가 만난 그 '순이삼촌들'과 동일시 되어 결국 4·3 간접체험세대가 되어버린 거지. 4·3역사를 알리려는 사람들이 겪는 트라우마가 이런 것이겠다. 현기영 선생 스스로도 천오백리길을 단 50분 만에 비행기를 타고 고향을 찾는 여정과 서울에서 기차로 완도까지 이동해서 배를 타고 제주항에 내리는 여정에 대한 갈등을 소설에 적었듯이, 고향을 찾는 마음가짐, 역사를 만난다는 진정성에 무게감을 두었다.

그래서 소설 '順伊삼촌'을 읽으며 순례를 나서기로 하였다. 동행들과 본격 길을 나서기 전 먼저 소설을 들고 북촌마을을 걸었다. 그리고 삼촌에게 편지를 적었다.

순이삼촌을 읽으며

　어제랑 오늘 북촌마을을 둘러보고 왔수다. 이웃마을 함덕으로 해서 서우봉을 올라 오름에서 보는 한라산과 오름들이 좋았지요. 세상에 나서 어디를 처음 간다거나 접하는 것은 즐거운 일인 것 같수다. 처음엔 길을 헤맨다고 생각했던 게 나중엔 길을 즐김이 되었으니 얼마나 좋으꽈.

　지난 밤 모진 꿈에 시달려 늦잠을 자고 난 후 심란한 마음에 나선 길이지만 따뜻하게 맞아 주는 북촌마을에 다다르니 마음이 편안해집디다. 사람들이 삶이 있어서 좋았고, 친구 딸을 마을길에서 만나니 더욱 좋아수다. 다솜이.

　포구엔 死삶이 이서나수다. 총에 맞은 등명대, 신식 등대가 들어서기 전까지 등대 역할을 했던 것인데, 뱃사람들에게 뱃길을 인도하던 불과 연기를 피워내던 곳인디, 그런 곳이 총탄 화염에 상처를 입어십다. 사람을 죽이다 모자라 그 곳에까지 총질을 해댔나보우다.

　해녀들 이야기꽃을 피우는 보금자리인 불턱 옆에는 당이 이서수다. 제단에는 동백나무 작은 그루가 있었고 그곳에 시선을 잠시 맡겨수다. 한날한시에 그리 죽었으니 통꽃으로 지는 동백을 모실 만도 하다는 생각도 들어수다. 그 옆으로 시선을 옮기면 산물(용천수)이 여기저기서 솟고, 눈물도 샘처럼 솟아수다.

　방앗간 터를 지나 한길로 걷다보민 여느 제주마을처럼 폭낭(팽나무)이 많이 이수다. 유난히 모진 세월만큼 모질게 자란 폭낭. 3차례를 성을 쌓으려니 손마디가 폭낭을 닮을 수밖에 엇입주. 흙은(굵은) 뼈마디가 돋보이는 당 주변 폭낭들. 바람에 맞서다 칼바람에 삶의 터전인 바다를 등지고 산을 향하는 바람 타는 폭낭들. 그곳에서 바라보는 허물다 남은 북촌성터.

오늘따라 바람이 유난히 세차게 부는 북촌포구. 그 바람 위로 들려오는 '순이삼촌' 이야기 들으멍 걸어수다.

곧 시작된 성 쌓는 일 때문에 주낙질은 물론 잠녀의 물질도 일체 허락되지 않았다. 부락민들은 순경들의 감독을 받으며 아침부터 저녁까지 한눈 팔 새 없이 허기진 배를 안고 성을 쌓지 않으면 안 되었다. 말하자면 전략촌 건설이었다. 불탄 집터의 울

토벌대가 쏜 총탄에 상처 입은 북촌 도대불 상단의 등명대비.

담도 허물고 밧담도 허물어다가 성을 쌓았다. 그것도 모자라 묘지를 두른 산담까지 허물어다 날랐다. 순이삼촌도 임신한 몸으로 돌을 져 날랐다.

1949년 음력 12월 19일 가장 많은 시신이 널려 있었다는 당밧 빌레에는 자갈뼈들이 모드락모드락 널려 잇어수다. 학교 운동장에는 젊은이들이 '다려도'(북촌바다 섬)라는 팀 유니폼을 입고 축구를 하고 있었습니다. 축구공이 커다란 젊은이들 다리 사이를 외롭게 이리저리 굴러다닙니다. 쫓기는 듯 누구를 찾는 것처럼 보입니다. 마치 숨바꼭질하듯. 소설 '순이삼촌' 속 1948년 음력 12월 19일 북촌국민학교 운동장.

바람의 시간이 만든 북촌 당동산의 팽나무.

장대 두 개가 서로 번갈아가며 사람들을 몰아갔다. 장대가 머리 위로 떨어질 때마다 사람들은 비명을 지르며 뒤로 나자빠지고 장대에 걸린 사람들은 빠져나오려고 허우적거렸다. 장대 뒤에서 빠져나오려는 사람들에게 몽둥이를 휘두르고 공포를 쏘아대자 사람들은 장대에 떠밀려 주춤주춤 교문 밖으로 걸어나갔다. 교문 밖에 맞바로 잇닿은 일주도로에 내몰린 사람들은 모두 한결같이 길바닥에 주저앉아 울며불며 살려달라고 애걸했다. 군인들의 바짓가랑이를 붙잡고 울부짖는 할머니들, 총부리에 등을 찔려 앞으로 곤두박질치는 아낙네들, 군인

학살의 현장인 북촌초등학교운동장에서 학살의 기억을 표현한 '북촌곱을락'을 처음 공유하는 순례동행들.

들은 총구로 찌르고 개머리판을 사정없이 휘둘렀다. 사람들은 휘둘러대는 총 개머리판이 무서워 엉금엉금 기어갔다. 가면 죽는 줄 번연히 알면서 어떻게 제 발로 서서 걸어가겠는가. 뒤처지는 사람들에게는 뒤꿈치에다 대고 총을 쏘아 댔다.

군인들이 이렇게 돼지 몰듯 사람들을 몰고 우리 시야 밖으로 사라지고 나면 얼마 없어 일제사격 총소리가 콩볶듯이 일어나곤 했다. 통곡소리가 천지를 진동했다.

아이들의 웃음소리와 뛰노는 모습이 떠올라야 될 학교 운동장엔 울음소리, 고함소리, 총소리만이 가득하고 그러다가 아무 소리도 들리지 않고 정지화면처럼 멈추어 버린. 먼지만은 자욱하게 흩날리는 학교운동장. 그저 여느 때 만들던 버릇처럼 선율은 떠오르지 않고 어린 시절 동무들과 놀면서 부르던 동요만 맴돕니다. 그러나 재밌어야 할 동요가 슬프게 다가온 그 노래. 곱을락. 숨기, 숨바꼭질을 뜻하는 제주말.

♬ 북촌 곱을락

곱을락 헐 사름 이레 부트라 곱을락 헐 사름 이레 부트라

술래가 눈을 감고 노래 부른다 술래가 눈을 감고 노래 부른다

소리 하나 바람소리 고무신 하나

소리 두울 파도소리 고무신 두울

소리 세엣 비명소리 고무신 세엣

소리 넷!

운동장에 빨갱이가 백 마리 들어왔다 이백 마리 들어왔다 오백 마리 들어왔다

군인경찰가족들은 여기 모여라

술래가 눈을 감고 노래한다 손가락 총을 들고 노래한다

민보단장 알몸땡이 총 맞아 죽었다 사름덜 금칠락허연 이레화륵 저레화륵

어멍 손에 이끌리어 뛰는 건지 나는 건지 할망 손 놓치는 아이 어멍 치매 붙잡는 아이

어멍아방 춫는 소리 아이들을 부르는 소리

젖둥이를 품에 안고 꿩걸음으로 도망가단 총 맞아 죽은

어멍 젖을 빨고 있는 아이

아이도 울고 어멍 젖도 울고 운동장엔 바람뿐.

마을 안은 연기가 솟고, 쇠막에선 쇠울음 울고, 질레마다 개덜도 왕왕, 바람은 겨울바람

고무신이 절 꼬박꼬박 살려줌서 총더레 절 꼬박꼬박 백이여

고무신이 절 꼬박꼬박 살려줌서 총더레 절 꼬박꼬박 이백이여

고무신이 절 꼬박꼬박 살려줌서 총더레 절 꼬박꼬박 삼백이여

사백이여 오백이여 아니여 기여

어진이야 어진이야 어디로 간디 어디로 간디 앉아난 방석 앉아난 방석

가마긴 가왁 가왁 가왁

시체 속에 곱안 살안 목숨이 붙었는지 고망답새 납작

곱을락 헐 사름 이레 부트라 곱을락 헐 사람 이레 붙뜨라

사실과 상상 사이를 고개 저으며 너분숭이를 향하자 비가 후두둑 떨어집니다.

너븐숭이 기념관에는 강요배 선생이 그린 '젖먹이'가 걸려 있었습니다.

흙보다는 암반과 소낭(소나무)밭 천지인 너분숭이 빌레왓에는 검은색 현무암으로 얼굴을 한 아이들이 잠들어 있습니다. 그런 곳에도 생명은 자라고 있었습니다. 자그만 아주 작은 연못에는 아직도 어딘가 숨어 지낼 4·3처럼 물아래 숨어 고개를 내밀지 못하는 진흙 속 연꽃과, 봄이 훨씬 완연해 지면 올챙이로 태어날 개구리알이 탄생을 준비하고 있었습니다.

이름도 모를 무수한 생명들이 공동체를 이루는 것을 한참 보노라니 노래가 생각나더군요. 어릴 적 부르던 동요 '옹달샘'. 그리고 순이삼촌이 검질

(김, 잡초)매며 흥얼거렸음직한 '김매는 소리'도 들립니다. 순이삼촌은 어디에서 누워 잠들었을까요? 지금도 여전히 옴팡밭 한 구석에 있는 애기무덤은 알고 있을까요?

더운 여름날 당신은 그 고구마밭에 아기구덕을 지고 가 김을 매었다. 옴팡진 밭이라 바람이 넘나들지 않았다. 고구마 잎줄기는 후줄근하게 늘어진 채 꼼짝도 하지 않았다. 바람 한 점 없는 대낮, 사위는 언제나 조용했다. 두 오누이가 묻힌 봉분의 뗏장이 더위먹어 독한 풀냄새를 내뿜었다. 돌담 그늘에는 구덕에 아기가 자고 있었다. 당신은 아기구덕에 까마귀가 날아들까봐 힐끗힐끗 눈을 주면서 김을 매었다. 이랑을 타고 아기구덕에서 아득히 멀어졌다가 다시 이랑을 타고 돌아오곤 했다. 호미 끝에 때때로 흰 잔뼈가 튕겨나오고 녹슨 납탄환이 부딪쳤다. 조용한 대낮일수록 콩볶는 듯한 총소리의 환청(幻聽)은 자주 일어났다. 눈에 띄는 대로 주워냈건만 잔뼈와 납탄환은 삼십년 동안 끊임없이 출토되었다. 그것들을 밭담 밖의 자갈더미 속에다 묻었다.

♬ 꽃놀림
해 떨어지는 서우봉 아래 소낭팟 사이로 애기돌무덤
삼칠일을 기다렸나 스물하나 돌무더기 둥글막게 둥글 둥글막게

북촌 가는 길

順伊삼촌과 함께 북촌까지 가는 이 길에서 많은 순이삼촌들이 전해주는

너븐숭이 애기무덤. 순례자들이 제를 지낸 후 나눈 노란 귤껍질들.

이야기길입니다.

  소설 속 순이삼촌은 한 사람의 이야기가 아닌 역사입니다. 우리에게 제주 4·3을 전해주기 위하여 살아남은 순이삼촌들, 죽어 간 순이삼촌들. 살아남아 후유증을 앓고 있는 순이삼촌들. 오늘날도 아직 돌아오지 못하는, 찾지 못하는 순이삼촌들. 이름 석 자 남김없이 씨멸족 되어 별이 된. 정치권력과 이념의 굴레에 명예회복 되지 못한 순이삼촌들. 아직도 제주바다 현해탄 대

마도 산천에, 이어도 연유 같은 경계에 사는 순이삼촌들.
 또한 이 길은 작가 시선입니다. 그래서 소설 속 공간을 따라 움직입니다.
 동문로터리에서 버스를 탑니다. 제주의 관문 산지항이 바라다 보이는 'ᄀ우니ᄆ루'를 넘어갈 때쯤이면 차창 너머로 보이는 사라봉과 별도봉, 그 가슴에 뚫린 일제강점기 진지동굴들. 그 앞을 흐르는 화북천의 세월. 멜 후리는 소리가 멈추어 버린 곤을동 마을터.
 이렇게 과거를 만나려 할 때쯤 버스가 진드르 넓은 들을 빠르게 달립니다. 그 빠름에 과거로 가던 기억도 휘익 차창 밖 바람에 실려 나가려 합니다. 그

북촌바다 전경.

기억을 붙잡아 놓으려 애쓸 즈음 신촌초등학교 앞에 도착합니다.
　버스에서 내리자 제주 바다에서 불어오는 바람을 느낍니다. 마을 공동체를 이어주는 공간, 학교. 자신의 이름을 글로 적자. 배움을 향한 의지. 꿈을 향한 배움. 가늠치가 끝없던 미래가치들. 신촌초등학교를 놀이터 삼아 놀던 재일본 오사카4·3유족회장 '강실' 선생이 부르던 노래가 들립니다.

　　♬ 원수와 더불어 싸워서 죽은 우리의 죽음을 슬퍼 말아라 깃발을 덮어다오

　인민항쟁가. 1946년 10월 1일, 대구를 시작으로 이후 11월 중순까지 남한 전역으로 확산된 '10월인민항쟁'을 기록한 노래. 시인 임화의 글에 김순남이 곡을 붙인 노래입니다. 노래를 부르며 왓샤왓샤하는 사람들. 말을 탄 청년. 연설을 듣는 모습들. 일제강점기로부터 해방된 신촌마을 사람들은 어떤 꿈을 꾸었을까?

　신촌리 마을회관에 가면 역대 이장단 사진들이 걸려 있습니다. 초대 이장 '이호구'. 그의 동생은 '이좌구', 그리고 막내가 '이덕구'입니다. 신촌 사람들에게 이 삼형제는 어떤 존재로 기억되고 있는지 궁금함을 뒤로 학교 울타리를 따라 바닷가로 향합니다.

　'조규창'. 도쿄에서 '제주4·3을 생각하는 모임'을 이끌고 있는 조동현 선생

좌로부터 이호구, 이좌구, 이덕구 삼형제.

의 아버지. 그가 살았던 '신촌와옥'에서 쉬어 갑니다. 잠시 동행들끼리 토론이 오갑니다. 정겨운 제주 돌담, 좁은 올레길에 들어섭니다. 폐허가 된 집 터 마당을 지나 우영팟(텃밭)을 찾아 기타를 꺼냅니다. 순례자들도 자연스레 각자 편안한 곳을 찾아 자리합니다.

♬ 당신 올레 (최상돈 글, 곡)

아직도 남아 있는 좁은 올레질로 당신은 아직도 오지 않고
섬 어디 어디에나 바람에 흔들리는 대나무 숲만이 당신의 빈집 터를 지키네

신촌 포구에는 용천수가 많습니다. 한라산 중턱에서 모아진 물들이 지하수 되어 흘러 바닷가로 내려 솟아나는 산물(生水)입니다. 제주사람들에게는 생명수였습니다. 그 생명수를 먹고 자란 아이들, 청년들이 그 물의 고향인 한라산을 갔습니다. 바닷가 너럭바위에 벗들과 함께 몸을 데우던 아이, 이덕구. 그가 자란 고향집도 헐리고 없습니다. 마을길이 직선화 되고 아스팔트로 포장되면서 마당을 밀고 지난 것입니다.

대섬에 듭니다. 커서 대섬이 아니라 대나무가 많아 대섬입니다. 바닷바람이 시원합니다. 소설 속 제주마을 풍경들이 멀리 조천마을을 배경으로 펼쳐

집니다. 동행들 속에서는 동요가 들려옵니다. 누구나가 있는 고향마을에 대한 추억, 거기에는 동요가 항상 따릅니다. 김시종 선생이 고향을 생각하며 자주 부른다는 '클레멘타인'을 흥얼거립니다.

김시종. 함경도 원산 출신 아버지를 따라 부산을 거쳐 제주에 온 아이. 어린 시절을 제주에서 자라다 보니 제주가 고향입니다. 제주말도 능숙히 하는 그를 살리려고 그의 아버지는 그를 배에 실어 무조건 바다로 띄워 보냅니다. 그리고 그는 관탈도에서 다시 며칠을 기다린 배를 타고 오사카에 도착합니다. 청년 김시종은 그렇게 4·3을 가슴에 묻고 살았습니다.

조천마을 중심지였던 장목거리를 지나 이덕구가 미래들에게 역사를 가르치던 조천중학원 터 앞에 섰습니다. 그 선생이 좋아 놀리듯 노래를 지어 불렀던 학생들.

북촌포구 용천수 중 지금도 물이 솟는 '시완이물'에서 소설 '순이삼촌'의 내용을 공유하는 순례동행들.

♬ 덕구 덕구 이덕구 박박 얽은 이덕구 장래 대장감인가

김용철. 1947년 3월 당시 조천지서에서 고문치사 당한 조천중학원생. 선생님을 도와 레포활동을 하던 김동일과 동무들. 이덕구 선생을 쫓아 산에 갔다 꾸중만 듣고 내려와 레포활동을 하다 일본 도쿄로 건너 간 김민주. 김봉현 선생과 함께 '제주도인민무장투쟁사'를 쓴 그 소년의 늙은 목소리가 들립니다.

♬ 해는 이미 서산에 빛을 숨기고
어두운 빛을 사방에 들이 밀어 오노라
만경창파에 성난 파도 뱃머리를 진동해
둥실 떠가는 작은 배 나갈 길 막연해

우리야 이렇게 4·3역사의 길을 걷고 있지만 조천리에는 오히려 항일역사를 기념하는 공간들이 눈에 띕니다. 역사를 분리하여 생각할 수는 없는 것인데, 트라우마가 가지고 온 영향이라고 이해도 하지만. 그러나 제주4·3역사는 항일독립운동에서 이어져 오는 것이거늘. 지금이야 항일을 우선 기리고 있지만 언젠가 4·3역사도 정의롭게 자리매김 되면 그때 조천마을사람들은 4·3을 어떻게 이야기 할지요. 제주항일기념관을 들리는 순례길은 마음이 불편합니다.

〈조천만세운동〉
1919년 제주에서의 3·1운동은 제주의 관문인 조천지역을 중심으로 3월 21일부

터 3월 24일까지 4차에 걸쳐 일어났다. 조천만세운동은 3월 16일 당시 서울 휘문고보 학생이었던 김장환이 독립선언서를 가지고 귀향하면서 구체화되었다.
(중략)
3월 21일 조천리 미밋동산에서 독립선언식을 거행한 후 만세 시위행진을 하였으며 이 후 3월 24일까지 지속적으로 만세 운동을 전개하였다. 이와 같이 전개된 조천만세운동은 시위 주역들이 체포되면서 종료되었다.
(중략)
조천만세운동은 함덕·신촌·신흥 등 인근 지역뿐 아니라 서귀포 등지로도 확산되었고 이후 제주지역에서 전개되는 다양한 민족해방운동이 모태가 되어 항일운동의 일선에 나선 제주인들에게 민족의식을 불어 넣어주는 계기가 되었다.

〈제주항일기념관 http://www.jeju.go.kr/hangil/index.htm〉

유관순열사가 서울에서 고향 천안까지 독립선언서를 가지고 가서 4월 1일 아우내 장터에서 수천의 민중들이 만세운동을 하게 된 계기를 마련하였듯이, 당시 조선전국에는 많은 유관순들이 있었습니다. 제주에는 김장환이 그런 유관순이었습니다.

해방되자 제주사람들은 그런 독립운동정신을 이어받아 1946년과 1947년에도 3·1절 기념대회를 연 것입니다. 특히 전도적으로 수만이 모인 1947년 28주년 3·1절 기념대회는 제주민의 자랑스러운 역사입니다.

신흥리에는 조천읍충혼묘지가 있습니다. 제주도 읍면, 또는 마을 단위로 어디를 가나 충혼묘지가 있듯이. 그리고 그곳에는 그 마을을 중심으로 토벌을 벌여 마을 사람들을 죽였던 2연대에 관한 비석들이 있습니다. 조천읍 충혼묘지에는 북촌대학살과 동복리학살을 주도한 2연대 군인들을 기념하는

함덕 한모살학교 마당에 세워진 '한백흥·송정옥 기념비'.

비석이 있습니다.

 신흥리사무소 마당에는 '김재만 기념비'가 있습니다. 사람들은 '총하르방'이라는 별명을 붙였습니다. 1952년에 세워졌습니다. 개인 돈을 총 5정을 구입하는 데 내 놓았다고 합니다.

 소설 속 서북청년단과 함께 사는 제주사람들처럼, 불편한 진실이 여전히 존재하는 제주섬에는 다양한 바람이 붑니다. 북서계절풍, 남동으로 오는 태풍. 용서니 화해니 상생이니 이런 가치들은 제주사람들에게는 이미 존재하는 것입니다. 다만 그 대상이 무엇이냐라는 것. 함덕리에는 의사 한백흥 선생 기념비가 있습니다.

〈의사(義士) 한백흥(韓伯興) 송정옥(宋禎玉) 기념비〉
님들의 고귀한 희생을 영원히 기리며

제주4·3의 아픈 상처가 역사에 자리매김하고

화해와 상생의 터전이 되게 하소서

오호통제라! 기억하지 못하는 역사는 되풀이된다고 했다. 해방정국의 혼란기에 빚어진 제주4·3으로 제주도민들은 엄청난 인명피해뿐만 아니라 재산 손실을 입었다. 그런 와중에도 목숨을 걸로 사람들을 살리려 했던 의인이 있었으니 얼마나 가슴 벅찬 일인가.

무자년 제주4·3광풍이 불어 닥치고 제주도 곳곳마다 상황이 더욱 험악해질 당시, 토벌대는 조금이라도 의심이 가는 사람이 있으면 무조건 잡아다 총살을 시켰다. 11월이 접어든 어느 날 토벌대는 함덕리 주민들을 마을 모래밭에 집결시켰으며 그중에서 마을 청년들을 끌어내어 앞으로 폭도와 연락하거나 식량을 제공한 사람은 죽음을 각오하라며 처형을 시키려 했다. 여기에 두 분의 의인이 있었으니 당시 마을 이장이셨던 한백흥(韓伯興)과 마을 유지였던 송정옥(宋禎玉)이 나서서, 청년들의 신원을 보증할 테니 죽이지 말라며 그 상황에 앞장서서 그들의 만행을 만류하기 시작했다.

지금 생각하면 얼마나 후배들을 사랑하고 불의에 저항하는 용기였는가.

그러나 토벌대는 두 분을 포함하여 청년들을 무참히 학살하고 말았다.

이후 사태가 악화되자 마을 청년들은 은신처를 마련해 숨어 지냈고 입산하는 사람들도 점차 늘어났다.

아아, 60여 년 세월이 흘러 우리 마을주민들은 두 분의 그 깊은 뜻을 헤아리면서 여기에 정성을 한데 모아 기념비를 세우나니 미래의 후손들이 마을발전에 항상 헌신하기를 바랄 뿐이다.

2010년 1월 일 함덕리민 일동

푸른 바다를 만나는 진동산 끝자락 모래밭.

    피비린내가 진동했을 함덕해수욕장에서는 바람에 몸을 맡겨 아무 말 없이 걷습니다. 지금은 최고의 관광지 중 하나로 인기 높은 함덕해수욕장이지만, 당시엔 토벌대가 주둔했던 곳입니다. 특히 2연대 3대대는 서북대대라 불렸는데, 그 별칭에서 알 수 있듯 서북청년단의 다른 이름입니다. 1948년 12월 토벌대가 9연대에서 2연대로 교체되던 시기 그 악명 높은 서북청년단은 여기로 편입되었나 봅니다.

    순이삼촌 소설 속 '그 많던 까마귀들은 어디로 갔을까?' 함덕리 모래밭에

함덕해수욕장에서 서우봉을 넘다 보면 만나는 북촌마을 전경.

제주도민들을 향해 날아들던 검은개들, 군경토벌대. 1949년 1월 17일 북촌 초등학교 운동장에서 500명 가까운 사람들을 학살한 주범들. 18일에도 조천읍 중산간 일대에서 귀순공작에 내려온 가족들을 도피자가족으로 몰아 진모살에서 학살한 자들. 그 모래사장 위로 관광객들을 기다리는 벙커가 형형색색 늘어져 있습니다. 그 너머로 서우봉이 푸릅니다.

   서우봉 생이봉오지는 절벽입니다. 유족들은 희생된 가족친지들을 찾으러 절벽 그 아래로 내려가 시신을 등에 묶고 가파른 절벽을 다시 오르며 수습을 했다 합니다. 기억이 무거워 지워 보려고 서우봉을 단숨에 오릅니다. 그러나 그 서우봉에도 죽음의 기억은 존재하니 지우려고 해서 지워지는 게 아닙니다.

함덕마을 너머로 지는 해를 등지고 오름을 오르자 북촌마을이 눈에 들어옵니다. 음력 12월 18일이면 마을 전체가 제사를 지내는 마을. 어디 북촌마을만의 이야기겠습니까. 소설처럼 뭣 모르고 돼지불알로 공놀이 하는 아이들의 소리가 멀리 들립니다. 집집마다 제사 준비하는 연기가 피어오릅니다. 마치 그날 마을을 불태우던 연기처럼. 한참 소설을 읽자니 흐르는 눈물에 글자가 보이지 않습니다.

아, 한날한시에 이 집 저 집에서 터져 나오던 곡성소리, 음력 섣달 열여드렛날, 낮에는 이곳저곳에서 추렴 돼지가 먹구슬나무에 목매달려 죽는 소리에 온 마을이 시끌짝했고 5백 위도 넘는 귀신들이 밥 먹으러 강신하는 한밤중이면 슬픈 곡성이 터졌다. 그러나 철부지 우리 어린 것들은 이 골목 저 골목 흔해진 죽은 돼지 오줌통을 가져다가 오줌 지린내를 참으며 보릿짚대로 바람을 탱탱하게 불어넣어 축구공 삼아 신나게 차고 놀곤 했다. 우리는 한밤중의 그 지긋지긋한 곡성소리가 딱 질색이었다. 자정 넘어 제사 시간을 기다리며 듣던 소각 당시의 그 비참한 이야기도 싫었다. 하도 들어서 귀에 못이 박힌 이야기. 왜 어른들은 아직 아이인 우리에게 그런 끔찍한 이야기를 되풀이해서 들려주었을까?

바닷바람에 맞서며 한라산을 향해 머리카락을 날리는 '바람타는 낭(나무)'이 유독많은 당팟. 허물다 남은 북촌성. 포구 옛 옆 등대-도대불에는 토벌대가 날린 총탄 자욱이 여전히 선연하고. 바닷가 따라 이곳저곳으로 여전히 산물은 솟아나는 데, 예전처럼 그 물을 마실 수는 없어 돌아서는 사람들. 그러나 다행히도 물길은 안 막히고 사람도 떠나지 않고 끈질긴 생명력 그뿐으로 이어 온 북촌마을을 통해 순례자들은 역사를 맞는 기본 예의를 배웁니다.

순례는 유적지에 대한 내용-지식을 알려고 가는 것보다는 그 날 만난 사람들과의 관계를 통해서 다시 4·3의 역사를 배우는 길입니다. 갔던 곳을 또 가고 가는 것은 그곳에 대한 기대보다 그곳을 가는 그 날의 느낌-새로운 감흥 때문입니다.

북촌 곱을락
(2007)

제주전래동요를 빌어

최상돈 편작

북촌 너분숭이
(2003)

최상돈 글, 곡

40 애기동백꽃의 노래

사월굿 헛묘, 빔과 채움

'헛墓'를 다지다

 제주지역을 중심으로 활동하고 있는 놀이패 한라산은 1988년 창단하여 이듬해 사월굿 '한라산'을 시작으로 지금까지 4·3연작을 해 오고 있다. 섯알오름 학살을 다룬 '백조일손', 북촌대학살을 다룬 '꽃놀림', 관광지 다크투어를 다룬 '살짜기 옵서예', 서북청년단을 다룬 '서청별곡'. 사월, 격랑 등. 사월굿 '헛묘'는 그 연작 중 하나다. 그들은 이 모든 창작물을 내기까지 이야기를 달고 맺어 세월을 풀어내는 일을 멈추지 않고 있다.

 놀이패 한라산의 창작행위는 묘를 다지는 '달구' 같은 것, 무덤을 밟는 것이다. 삶과 죽음을 밟아 잇는다. 역사를 만난다. 그렇기에 사월굿 '헛묘'를 짧은 소설 형식으로 재구성하였다. 동행들과 순례길에서 공유하기 위해서다. 마을과 마을을. 오름과 오름을. 눈밭길을. 낙엽길을. 꽃길을 걸어 '헛묘'를 다진다. 역사에 술 한잔 올린다. 절을 하고 허리를 펴 멀리 한라산을 보면 그 옛날 방앗돌을 굴려오며 마을을 세우던 동광마을 사람들 소리가 들린다.

봄, 간장리에서

 지금으로부터 약 300여 년 전, 제주섬 서부 중산간 광활한 들녘 일대로 사람들이 모여들어 마을을 일굽니다. 동으로는 한라산과 주변 오름자락들이 병풍처럼 펼쳐지고 서남쪽으로는 태평양이 눈에 드는 곳입니다. 가장 북쪽에 당오름, 그 서남쪽으로는 도너리오름이, 동으로 마주하는 곳에 원물오름과 감낭오름이 나란히 사이좋게 자리 잡았습니다. 여인네 젖가슴 같은 골르기오름과 무악이, 그 너머 동으로 한라산을 등에 업었습니다.

가장 먼저 서쪽마을인 삼밧구석에는 45호 정도가 모여 동광마을의 뿌리를 이룹니다. 다음으로 육거리 동쪽으로 130여 호에 달하는 무등이왓에는 1939년에 동광간이학교가 건립되어 이웃한 창천, 덕수, 상천마을 사람들과 멀리 중문 색달에서까지 공부하러 왔습니다. 무등이왓 동북쪽으로 조수궤에도 원물오름 북쪽 기슭 사장밧에도 집이 생겼습니다.

척박하고 물 또한 귀한 중산간지역이라 거친 들판에 불을 놓고 토지를 일구는 노력-벨진밧 둘진밧(별이 지고 달이 져 비옥한 밭)으로 만들기 위한 마을사람들의 정성은 동백이물, 은물, 새터물, 원물, 뒷빌레, 삼밧구석, 정두왓물, 알돔박이물, 돔박이물 등이 생겼습니다.

마을이장격인 양태수가 마을사람들을 대동하여 마을에 방앗간을 세우기 위해 한라산이 바라다 보이는 들녘으로부터 방앗돌을 굴려옵니다. 그렇게 해서 생긴 방앗간이 열손가락을 거의 채웁니다. 웃물ᄀ레, 큰물ᄀ레, 샛물ᄀ레, 알물ᄀ레, 동카름ᄀ레 등이 무등이왓에 생겨났고, 삼밧구석에는 동물ᄀ레, 서물ᄀ레, 간장ᄀ레 등등.

사람들은 겨울을 이겨 봄에 여물고 여름에 수확한 보리를 가지고 방앗간으로 모여듭니다. 노래 소리가 끊이지 않고 사람들 떠드는 소리가 방앗돌 돌아가는 소리를 잠재울 정도입니다. 이러다 보니 자연스럽게 방앗간을 중심으로 마을에 대소사 펼쳐집니다. 방앗간은 종종 연인들의 사람나눔터로도 애용되기도 합니다. 다음 달 혼례를 준비 중인 정순과 석중 또한 이 곳 방앗간에서 자주 만나곤 합니다. 무등이왓 사람인 고계화는 이런 줄의 결합에 사뭇 기쁜 봄날을 지내고 있습니다. 특히 양태수의 딸인 정순이를 며느리로 맞이하게 되니 더할 나위 없다는 것입니다.

그런 동광마을이 지금은 반 이상이 없어져 사람들이 돌아오지 않습니다. 여름과 가을, 겨울을 지나면서, 무슨 일이 있었길래….

여름, 삼밧구석에서

혹독한 일제강점기가 끝났나 싶더니, 해방인 듯 아닌 듯 미군강점기가 시작되고, 그 미군정의 탄압에도 특유의 공동체 힘으로 마을과 함께 살아가는 동광사람들. 일제 말 일본이 연합군 공격에 맞서기 위해 벌인 소위 '결7호' 작전을 위해 제주섬 곳곳을 요새화하는-오름마다 갱도를 파는 강제노역은 섬사람들에게는 고역 중에 고역이었습니다.

삼밧구석에서 혼자 사는 임창민의 아버지도 이때 끌려가 원물오름에서 명을 달리하였습니다. 작작할망 변달려도 강제로 북해도 탄광으로 끌려간 남편을 죽은 사람이라 생각하며 살아갑니다. 쉐테우리 오상철은 부모님이 어디서 어떻게 죽었는지 살았는지도 모르는 노총각입니다. 주막을 운영하는 고순녀의 남편도 태평양전쟁에 끌려가 돌아오지 못하고, 그의 딸 순댁이는 호열자-콜레라환자였다가 걸음마도 못해 보고 죽습니다.

1947년 여름, 보리농사가 흉년이 들었습니다. 그런데 8월 8일 미군정의 곡물수집정책에 반대하여 소위 '성출반대사건'이 생기면서 동광마을은 경찰들이 수시로 들락거리게 됩니다. 이런 와중에 강석중은 성출반대싸움의 주동자로 지목 받게 되고 마을사람들은 서로 생사를 확인하는 일이 잦아졌습니다. 그러면서 성안과 해안 마을 소식은 변달려와 임창민을 통해 가끔 듣고, 쇠테우리를 하는 오상철을 통해 산 이야기를 조금이나마 접할 뿐입니다.

 1947년 3월 1일 관덕정에서 있었던 28주년 3·1절 기념대회 이야기는 다 알고 있지만 그 후 육지로부터 응원경찰대가 들어왔다느니, 그 놈들은 사람 목숨을 파리목숨처럼 여긴다느니, 이승만이 제주도민을 다 죽이고 서북청년단들을 데려다 살게 할 거라느니, 등등은 모두가 입심 좋은 변달려와 창민으로부터 전해들은 이야기입니다.

 이듬해 48년 4월 3일날 산사람들이 지서를 습격한 이야기, 인근 대정골 구억국민학교에서 무장대 대장과 토벌대 대장이 만나 서로 싸우지 않기로 하였다는 이야기, 그리고 산에 귀순삐라가 뿌려진 이야기 등은 오상철로부터 전해 들었습니다. 그런데 토벌대장이 성질 궂은 놈으로 바뀐다는 소문과 함께, 성안 어디서는 귀순행렬이 경찰인가 군인들이 쏜 총에 다 죽었다는 이야기가 입에서 입으로 전해졌습니다.

 그렇지 않아도 다가오는 5월 10일 선거가 나라를 두 쪽 만든다는 선거라는 것이 알려지면서 선거를 거부하자는 분위기는 제주섬 전체로 퍼지고, 산사람들로 인해 마을마다 선거관리위원 등 우익인사들이 죽거나 가족 등이 피해를 입는 사건들이 생깁니다. 동광마을에서도 지난 4월 22일 한 선거관리위원이 무장대에게 죽은 일은 누구나 아는 사실입니다.

 넉살 좋던 고순녀도 시도 때도 없이 찾아오는 경찰들의 괴롭힘에 주막문을 닫습니다.

 1948년 11월 중순 동광마을에서는 처음으로 간장리가 불에 타고 사람들이 죽는 일이 발생했습니다. 그러자 임창민과 오상철은 삼밧구석 사람들과 함께 평소 알고 있었던 도너리오름 지경 마을 목장안 자왈 속 큰넓궤로 숨어듭니다.

가을, 큰넓궤에서

마을 방앗간도 사람들 발길이 뜸하게 되고, 노래가 끊긴 그곳을 양태수가 찾아왔습니다. 마을 공동체가 사라지는 것이 가슴 아파 '방앗돌 굴리는 소리'를 불러봅니다. '호오~ 오호~ 오 굴려 가는 소리' 그리고 결국 그 자리에서 토벌대에게 죽임을 당합니다.

상황이 이런데도 무등이왓 사람 고계화는 아들 걱정보다는 겨울동안 쇠를 먹여 살릴 걱정이 더 앞섭니다. 양정순은 강석중의 아이를 갖게 되었으나 자주 만나지 못하는 석중오라방이 아이보다 더 걱정입니다.

양태수와 함께 동광마을주민 30여 명의 목숨을 앗아 간 토벌대는 그 시신을 수습하러 올 걸 예상하고 현장 주변에 잠복을 하여 나머지 사람들을 기다립니다. 아버지의 희생 소식을 듣고 산에서 내려 온 석중이가 결국 어머니 고계화와 함께 이 작전에 말려들어 방앗간에서 산 채로 불에 타 죽습니다. 양정순은 이를 눈뜨고 지켜볼 수밖에 없었습니다. 그것이 석중오라방이 자신에게 남긴 마지막 부탁이기 때문입니다.

정순에게 이제 남은 건 배 속의 아이와 함께 살아남아야 하는 것뿐, 배 속 아이를 달래면서 부르던 'ᄀ레 ᄀ는 소리'는 이제 자신의 터질 것 같은 심장을 억누르기 위한 소리로 바뀌었습니다. 이 사건으로 인해 결국 무등이왓 사람들도 큰넓궤로 숨어들어야 했습니다.

소식 듣고 달려온 오상철과 고순녀의 도움으로 양정순도 큰넓궤로 발길을 옮깁니다. 뒤를 차마 돌아보지 못하던 정순이가 굴 앞에서 동쪽하늘을 바라봅니다. 아버지 양태수와 석중이 오라방, 그리고 어머니 고계화가 죽은 무등이왓 하늘 너머로 한라산이 보입니다.

정순의 몸으로 큰넓궤를 들어가기란 여간 어려운 일이 아닙니다. 좁은 입

큰넓궤를 지나는 좁은 통로. 마치 사람 목구멍 같다.

구를 10여m를 가면 3m 가까운 절벽이 나타났습니다. 창민의 도움으로 겨우 내려서니 굴 안은 다시 넓어지긴 하였지만 바닥이 험하고, 토벌대가 언제 들이닥칠 지 모르니 더 깊은 곳으로 숨어들어야 했습니다. 불어 오른 정순의 배가 거의 땅바닥에 끌다시피 합니다.

  마치 사람의 목구멍 같은 통로를 기어 통과하자 또다시 크고 넓은 공간이 있었습니다. 이미 많은 사람들이 공동체를 이루고 살고 있었습니다. 서로 반가운 인사를 나눌 새 없이 고순녀가 뒷간을 찾습니다. 그런 순녀아지망에게 창민이 장난끼가 발동했습니다.

"여기서는 똥오줌 다 춤으멍 살암주!"

변달려 삼촌이 존대를 모르는 창민을 나무라며 입구 쪽에 있는 뒷간을 알려줍니다. 볼멘소리를 하며 입구를 향한 고순녀, 그러나 어쩔 수 없습니다. 좁은 굴 안에 백이 넘는 많은 사람들이 모여 살다 보니 규율을 어길 순 없는 노릇입니다. 음식을 해 먹는 곳도 굴 밖에 있는 작은 궤에서 며칠 몫을 한꺼번에 해 가지고 차롱에 담아 와야 합니다.

정순이 산통을 호소합니다. 변달려를 중심으로 정순이가 아이 낳는 것을 도와줍니다. 창민은 따뜻한 물을 찾으러 나가고, 소리가 세어 나가지 않도록 정순의 입에 재갈을 물립니다. 다행히 아이는 건강히 태어났습니다. 아이의 이름은 마을 이름을 따서 '동광'이라 지었습니다. 이 어려운 시국이 지나고 너는 꼭 살아남아 동광마을의 희망이 되라는 뜻입니다.

얼마가 지났을까요? 이 캄캄한 굴속에 들어온 지. 언제까지 여기 머물러야 하는 건지, 아무도 답을 주지 못하고 있는 채 세월만 흐릅니다. 굴에 든 지도 한 달은 족히 넘고 있으니 어쩌면 해도 바뀌었을지 모릅니다.

겨울, 원물오름에서

"상철아! 군인덜이 왐저, 군인덜!"

보초를 서던 창민의 목소리가 다급하게 외칩니다. 이내 굴 안이 소란스러워지는가 싶더니 변달려 등 마을 어른들을 중심으로 진정이 되면서 대책을 세웁니다. 우선 굴 입구를 돌로 막기로 합니다. 숨 죽여 있는 데 군인들이 굴

안으로 들어오는 소리가 들립니다.

"팡! 팡!"

저 놈들이 총을 쏘면서 들어오려 합니다. 불을 피우기 시작합니다. 집에서 가지고 온 고춧가루 등을 태워 매운 연기를 최대한 저놈들에게 날려 보내기 위해 필사적인 부채질이 시작됩니다. 얼마 후, 입구 쪽이 조용해졌습니다. 잠시 후 임창민의 목소리가 들립니다.

"상철아! 빨리 나오라! 양, 삼촌덜 빨리 나옵서!"

날이 어두워지고 매운 연기에 함부로 들어오지 못하던 군인들이 일단 퇴각을 한 것입니다. 만세를 부를 여유도 없이 굴을 나가야 한다는 인식을 동시다발적으로 알고 있는지 챙길 수 있는 옷가지와 먹을 것들을 챙기기 시작하였습니다. 굴 밖으로 나서니 세상이 하얗게 눈에 덮였습니다. 그런데 그 위로 계속 내리는 눈, 눈, 눈.

'저 돌오름 쪽에 사람들이 모여 산다.'는 말을 창민과 함께 온 청년이 하자 잠시 망설이던 마을 사람들 중 나이든 어른들과 아이들 등 일부는 해안마을로 귀순을 하고, 대부분의 사람들은 창민과 상철, 청년들의 안내를 받으며 돌오름을 향해 걷기 시작했습니다. 끝없이 이어진 검은 발자국 위로 끝없이 내리는 하얀 눈이 내리고 있습니다.

날은 어둡고 날리는 눈발에 앞이 잘 보이지도 않지만 불타버린 마을이 어디쯤인지는 훤히 알고 있는 동광마을사람들. '아, 저 만치가 삼밧구석인

원물오름에 정상에서 당시 동광마을사람들이 걸었을 길을 따라가면 한라산 정상 서북벽에 다다른다.

데…' 창민이가 잠시 걸음을 멈추고 마을 쪽을 바라보자 상철이 다가와 어깨를 두드려줍니다. 원물오름을 지날 때쯤 정순이가 무등이왓 방향으로 발걸음이 옮겨집니다. 고순녀가 다가와 안아줍니다.

뒤를 돌아보지만 어둠뿐입니다. 서로가 서로에게 피해를 주지 않으려고 혼자씩의 눈물을 내리는 눈에 맞추며 앞만 보고 걷습니다. 계곡을 지나서 있는 광평마을도 지난 11월 대토벌 때 불에 탄 집터만 남았습니다. 마을 소식통으로 소문에 민감한 달려 삼춘 말로는 이웃한 화전마을도 그 너머 원동 주막번데기도 모두 불타버렸다 합니다.

정순이는 끝내 동광이를 낳고 나서 허약해진 몸을 이기지 못하고 죽음을 맞이합니다. 상철이 등에 업힌 채 말없이 그녀는 동행들과 소리 없는 작별인사를 했습니다. 돌아보니 핏물자국이 발자국만큼 남았습니다. 고순녀가 애타게 불러 보지만 정순이의 몸은 이미 식을대로 식어 굳어버린 상태였습니다. 앞서 걷는 무리들은 점점 멀어져 가고 눈앞에 내리는 눈은 어둠을 하얗게 만들어 버리는데, 정순의 고운 얼굴도 하얗게 변해 있는 것을 모두는 어둠에서도 알 수 있습니다. 앙상한 정순의 몸을 업은 채, 마을이 내려다 보이는 영아리오름을 향하던 상철을 변달려가 만류를 합니다.

영아리오름 기슭, 계곡이 흐르는 냇가에 정순을 묻고 떠나는 사람들. 끝내 눈물을 훔쳐내는 임창민, 산을 보며 석중을 떠올리는 오상철, 고순녀가 끝내 울음을 터뜨립니다. 정순이의 돌무덤에 마지막 돌멩이 하나를 올려놓은 변달려가 한 사람씩을 달래면서 다시 길을 재촉합니다. 이렇게 한라산 들녘에 돌무덤이 하나 또 생겨났습니다.

봄, 무등이왓에서

뒤를 돌아보고 돌아보지만 그저 하얀 어둠 속, 검은 음영 속 희미한 영아리오름, 근처 누워있을 정순이의 모습이 눈물에 흐립니다. 그 눈물이 흘러 무등이왓을 갈 것이라 믿으며 점점 깊어가는 겨울밤에 점점 깊어지는 한라산으로 잃어버리지 않을 삶을 찾아 동광마을 사람들은 걷고 또 걸어갑니다.

한라산을 향해 걷고 걷는 동백꽃 행렬 저 너머로 날이 밝아올 즈음, 어디선가 노래가 들려옵니다. 석중이가 산에서 불렀음직한 노랩니다. 그리고 보니 마치 정순의 죽음을 애도하는 것 같기도 합니다. 아니면 다른 누군가가 마지막 생을 이 깊은 산에서 마감한 모양입니다. 그들 사이에 어쩌면 석중이도 노래하고 있을지 모릅니다. 그런 생각을 하다 보니 창민의 얼었던 마음 또한 눈물로 녹아내립니다.

"상철아~ 우리 어디까지 갈거냐?"
"너가 나신디 말 높일 때까지 갈 거다!"
"어, 게믄 죽을 때까지 가야겠네! 경헤도 나신디 형 소린 못 들을걸"
"너한티 형 소리 안 들어도 좋으난 너나 죽지나 말라!"

죽음을 느끼면 공포도 사라지나요? 둘의 대화로 사람들의 마음이 녹아내리고 어느새 일행은 돌오름에 도착했습니다. 이웃마을 상천리를 비롯한 안덕면은 물론, 애월, 한림, 대정, 중문 등지에서도 이곳 돌오름으로 모여들었습니다. 사람들이 머무는 움막들도 보입니다. 어쩌면 석중이도 이곳에서 살았을 것 같은 생각이 창민과 상철의 머리를 스칩니다.

그런 만남도 잠시, 토끼몰이로 올라오는 토벌대에 밀려 사람들은 돌오름에서 이별합니다.

동광이를 살려야 한다는 변달려는 귀순하기로 마음먹은 지 오랩니다. 오상철과 고순녀는 더 깊은 한라산 아래 볼레오름을 향하기로 하였습니다. 창민은 친구 석중이를 찾아 산으로 가고 싶습니다. 순간 변달려 등에 업힌 동광이가 눈에 듭니다. 석중과 정순의 아이. 선택 없는 창민은 변달려를 따라 나섭니다. 그러면서도 그는 오상철과 고순녀를 향한 단 한 번의 이별을 고합니다.

"어, 상철이, 장게가겠네? (……) 형~ 상철이형~ 꼬옥, 살아이~ ……"

봄, 봄. 세월에 살아남은 사람들이 모였습니다. 시신을 찾을 수 없어 심방의 입을 통해 넋을 불러들입니다. 창민과 달려도 따라서 노래합니다. 정순이가 굴속에서 동광이를 낳고 부르던 노래입니다. 노래는 헛묘를 다지는 '달구소리'가 됩니다.

♬ 헛묘 다지는 소리 (사월굿 헛묘 중)
이어 이어~ 이어도 올레 넉 달래려다~ 넋 놓아 분 이
생화장에~ 열두 신뻬도 어느 구름질~ 브름질로 적막허게~ 떠도는 영신
삼밧구석 (이어이어) 폭낭질로 (올레)
조수궤 사장밧 (이어 이어) 무등이왓 (올레)
원물오름 (이어 이어) 큰넓궤로 (올레)
돌오름 돌아 (이어 이어) 정방폭포 (올레) 이어 이어 이어도 올레 (올레)

빔과 채움의 길

순례는 '헛묘'에 술을 올리는 것으로 시작됩니다. 동광육거리에 도착한 순례자들은 먼저 '임문숙 일가 헛묘'를 들러 진설을 하고 절을 하고 음복을 합

동광6거리 근처 '임문숙 일가 헛묘'에 음식을 진설하고 있는 순례동행 김경훈 시인.

니다. 집을 짓기 전에도 그 집터에 대한 예를 위해 토신제를 먼저 하듯이, '헛묘'가 생긴 연유를 걷는 순례길이니 당연히 그 넋들에 예를 드리는 게 먼저입니다.

　동광마을은 동광육거리를 사이에 두고 동으로 서로 남으로 북으로 마을이 고루 있었습니다. 동광 마을 순례 계절은 12월 말. 이미 7개의 무덤 위로는 내리는 눈발에 지붕이 하얗습니다. 진설하는 음식들 위로도 점점 눈이 내려 눈밥이 됩니다. 가지고 간 제주도 연물북을 때리며 노랠 부릅니다. 당연히 음복을 합니다. 시낭송도 이어집니다. 멀리 한라산이 보입니다. 한라산 앞으로 그해 그날 걷던 동백꽃 행렬이 내리는 눈발에 아른 거립니다.

♪ 헛묘의 노래 (최상돈 글, 곡)
정방폭포 위에 몸을 이어 묶어 놓고 총알을 아끼려고 떨어뜨리더니
파도타고 사라지는 우리네 영혼들 썩어 문드러졌으니 찾을 길 없네
휘이 휘이 휘이 휘이 휘이 휘이 휘이 휘이
갈가마귀 떼야 저리 가거라 꽉 막힌 동굴아 열려라
머리카락 털끝도 없는 신발 한 짝 겨우 묻혀 있는 임자 없는 저기 저산들 헛무덤

'헛묘'. 시신 없는 무덤이라 붙여진 이름. 넋은 있고 몸은 없는 무덤. 헛묘-비었다란 뜻. 헛 무덤이든, 빈 무덤이든 시신이 없다는 것으로 가짜(fake)라고 단언할 수 있는 것일까? 넋을 모셔왔고, 그 넋이 남긴 유품에 혼이 깃들어 몸을 대신하니, 솔직히 '헛것'-가짜라 하는 데는 지나쳐 보인다. 그럼 무어라 해야 할까? 有無-있다 없다를 떠나, 그 빔(虛)의 역사는 어떻게 생겨났으며, 누구에 의해 생긴 것이며, 또한 그 빈 역사에 채워야 할 것은 무엇일까? 빔과 채움의 길. 그렇듯 4·3순례는 '헛묘'를 다지듯 걷는 걸음입니다.

오른쪽 사진_동광마을 사람들이 검은 밤 하얀 눈을 걸었던 돌오름 가는 길에서 순례동행 김현미 시선.

동광리 마을회관을 들러 생리현상을 해결한 순례자들은 4·3역사에 불타고 소개되어 없어진 마을 중 유일하게 재건된 마을인 간장리로 향합니다. 한때 동광초등학교 있던 이곳은 지금은 마을 안내 센터로써 여행자들에게 숙박도 제공하는 곳입니다.

마을 안 점방에서 필요한 물건들을 삽니다. 삼밧구석 폭낭질로 접어듭니다. 수백년 된 폭낭 옆에는 마을 사람들 스스로가 세운 4·3비가 있습니다. 잠시 머물면서 비문을 읽으며 관련된 이야기들을 나눕니다. 조금씩 남아 있는 올레들을 스쳐 가면서 큰넓궤가 있는 마을 목장 안으로 들어섭니다.

목장 안에는 '김여수 일가 헛묘'가 있습니다. 순례자들은 진설을 하고, 절을 하고, 시를 낭송하고 노랠 부릅니다. 음복을 합니다. 이제 다시 그날의 사람들처럼 마을을 등지고 돌아보고 돌아보며 큰넓궤를 향합니다. 한라산은 보이지 않는 가시덤불 길이지만 그해 그날 걷던 동백꽃 행렬이 눈발에 아른거리는 것은 마찬가지인 동광마을 공동체입니다.

엎드리고 긁히고 기면서 힘들게 들어간 큰넓궤. 그해 겨울 동광사람들이 머문 가늠할 수 없는 50여 일의 굴속 생활을 최대한 가까이 가 보고자, 깜깜한 동굴 속, 손에 손을 잡고 노래를 부르며 서로에게 따스함을 나눕니다. 그리고 가지고 간 주먹밥도 나눕니다. 마을이 아닌 굴속 공동체, 식구들 사이에 있던 아이들이 생각납니다.

♬ 빨리 집에 갔으면 (최상돈 글, 곡)
빨리 집에 갔으면 정말 좋겠네 뒷동산에 올라 밤송이 까고
빨리 집에 갔으면 참말 좋겠네 동무들과 손잡고 뛰어놀고파
술래잡기 이름 찾기 잊어버리겠다 내일은 혹시나 갈 수 있나 그리운 내 고향에

빨리 집에 갔으면 빨리 갔으면 언제일까?

다시 길을 떠납니다. 가늠할 수 없는 하얀 눈이 어두운 밤길을 밝혀주던 그해 겨울밤. 하얀 눈길 위 동백꽃 행렬을 상상하며 걷습니다. 마을 목장을 벗어나서 원물오름을 오릅니다. 오름에서 영아리오름을 지나 돌오름을 가던 지난 순례길을 떠올립니다. 동광마을 사람들이 걸었던 그 길. 그해 겨울, 돌오름 가던 길.

　　돌오름 가는 길 (순례동행: 여상익)
　　청아한 가을 날
　　20명 순례꾼은 길을 나섭니다
　　멘트 길이라도 좋습니다
　　자갈길이라도 괜찮습니다
　　가파른 고개도 거뜬합니다
　　사각사각 조릿대 밟으며
　　그날의 걸음을 되새기며
　　어느 덧, 8부 능선
　　막걸리 한 잔에 힘을 내어
　　선발대 하얀 리본 기준 삼아
　　길이 아닌 길을 만들며
　　정상으로 오릅니다
　　김경훈 시인의 시낭송에 볼레오름도 헤삭헤삭
　　최상돈 가수의 노래에 삼형제오름도 들썩들썩

마트制 김밥도 오늘 만큼은 꿀맛인 양

사진 한 컷에 우리들도 방긋방긋

저 멀고도 가까운 한라산도 빙세기 웃습니다

오늘은 10월 9일

글 없는 백성들을 어여삐 여겨

한글을 만들었다는 세종의 마음처럼

그날의 자존과 약속을 지키기 위한

오늘의 어여쁜 마음 갖고

돌오름 가는 길

    순례길에 나누는 예술가치들은 동행한 순례자들에겐 참으로 정겹게 다가옵니다. 지난 순례의 기록들을 접할 때면 더욱더 그곳이 그립습니다. 식구들 모두, 아이는 아이대로 어머니 손잡고, 아버지 등에 업혀 길을 걷던. 광평마을을 거쳐 영아리오름을 올라 다음 순례길을 다짐하며 우리가 갈 돌오름과 볼레오름 너머 한라산을 보던.

    돌오름에 올라 보았던 한라산. 그 앞으로 동광마을 사람들이 마지막 이별을 나누던 볼레오름. 돌오름에서는 그곳에서 뿔뿔이 헤어진 사람들을 불러 모아 함께 마을로 돌아오고 싶었고, 동광마을 사람들이 그들 부모형제들을 찾으러 바다에 가서 넋을 불러 와 헛묘를 만든 마음을 헤아려 보던 길. 걷고 보고 많은 것을 체험하고 나눴던 그 빔과 채움의 길.

    눈이 난다. 눈물이 난다. 들판에 하얗게 꽃이 핀다.

    눈이 난다. 눈물이 난다. 들판에 하얗게 춤을 춘다.

마치 과거로 가는 듯 굴다리를 지나는 순례동행들. 이 굴다리를 지나면 무등이왓을 만난다.

꽃이 피는 이 겨울 꽃들이 걸어간다.
걸어간다. 꽃들이 간다. 들판에 하얗게 걸어간다.
꽃이 핀다. 꽃들이 핀다. 한라산에 꽃이 핀다.

원물오름을 내려 무등이왓을 향합니다. 그런데 길이 막혀 틀어졌습니다. '평화로' 건설로 마을과 마을을 이어 주던 길이 한풀 꺾인 것입니다. 억지스런 길을 돌아 평화로가 억누르는 굴다리를 지납니다. 과거로 가는 문일까요? 미래를 꿈꾸는 길일까요? 굴다리를 지나 하늘을 향해 걷다 보면 마치 타임머신이 방향을 틀듯 길은 마을로 뻗었습니다.

얼른 달리면 훅 다다를 것 같지만 조금씩 다가가렵니다. 참말로 멀리도 돌고 돌아온 고향길. 큰넓궤 굴에서 지낼 때는 꿈속 노래로. 돌오름에서 지낼 때는 더욱 그립던 고향길입니다. 토벌대에게 붙잡혀 끌려간 정방폭포 위 절벽에서는 바다로 떨어지기 전 마지막으로 상상만이 가능한 꿈 속 고향길입니다. 봄은 언제 오려는지 눈물의 고향길입니다.

마을을 세우는 소리가 다시 들립니다. 방앗돌을 굴려오고 방앗간을 만드는 사람들. 활쏜동산 동쪽으로 바윗돌들과 무성한 대나무와 잡목들로 막혔던 길이 열렸습니다. 임 마중 나갔던 계집아이가 돌아옵니다. 대나무 숲이 사라지더니 집터가 희미하게 보이고 통시(변소)가 선명히 나타납니다. 그날 통시에서 부르던 노래도, 잠복학살에 대한 기억도, 그것을 바라보며 팔 한쪽이 잘린 아름드리 폭낭도, 불에 타 없어진 물방엣간 사랑도 순례자들은 기억합니다. 기억하려 길을 걷습니다. 시를 읽고, 노래합니다. 눈에 들고 몸으로 드는 그림을 그립니다. 그렇게 역사를 이어갑니다. 이어 이어 이어도 ᄀ레. 이어 이어라 이어도 연유.

순례자들 머리 위로 눈이 내립니다. 올레마다 마을마다 봄이 내립니다.

집으로 간다네
(1994)

최상돈 글, 곡

빨리 집에 갔으면
(1994)

최상돈 글, 곡

동백꽃 지다, 자연에 禮

'동백꽃 지다' 처럼

　4·3역사를 따라 걷는 순례를 하다 보니 우리는 참으로 자연에 대한 예의가 없구나, 라는 생각을 종종 하게 된다. 제주4·3연작그림의 주인공 강요배 선생도 작업 과정에는 그런 생각을 하였으리라. 제주4·3을 기억하는 자연들에 관한 이야기.

　동백, 통으로 지는 꽃. '동백꽃 지다-강요배가 그린 제주4·3' 책표지에는 동백이 통꽃으로 선연하다. 그리고 곶자왈 같이 보이는 배경, 후미진 곳에는 군인들이 살인하는 장면이 작게 그려져 있다. 눈 내린 겨울, 동백이 지는 곶자왈. '동백꽃 지다' 책 표지가 겹친다.

　동백은 시나브로 4·3을 상징하는 꽃이 되었다. 미련 없이 자신을 자연에 툭 던지며 지는 꽃. 자신을 받아 준 하얀 눈밭이 그는 고마울 게다. 동백을 보면 그해 겨울, 자신을 받아준 자연에 대한 예의를 생각하게 한다.

　제주시 조천읍 선흘리는 마을을 끼고 있는 동백동산이 있어 찾는 이들이 꽤 있다. 특히 여름에는 더위를 피하러 오고, 가을에는 낙엽을 밟으러 찾기도 한다. 한라산 중산간 일대로 크고 작은 마을이 알밤오름과 웃밤오름, 그리고 동백동산을 이웃하면서 넓게 형성되었던 선흘리. 4·3역사에 사라진 마을과 올레, 공동체의 상징이었던 마을 할망당, 하르방당, 그리고 오름들. 특히, 제주도 최대의 허파 곶자왈이 이웃하여 있어서 자연동굴도 많고, 마을

강요배 작 '동백꽃 지다'

안길에도 아름드리 나무들도 많은 선흘마을이다.

  선흘곶 안에는 숯막터와 피신해 살았던 움막터들이 종종 눈에 띈다. 눈이 내리기 전, 낙엽이 시작되는 계절이면 선흘리 동백동산을 가고 싶다. 마을 가운데에 있는 동백상회에서 술 한 병, 물 한 병 먹을 것들을 사서, 마을 안

길 불칸낭 아래에서 잠시 쉬며 물 한 잔 하고, 쉬면서 누군가가 시 한 편 들려주면 좋겠고, 그러면 나는 노래로 답을 하겠고. 그날 그 시간을 찾아가는 순례는 그래서 더욱 의미가 있겠고, 그래서 우리들 몸에 더욱더 채화될 것이니, 그해 계절, 이 가을, 그날의 날짜 흐름대로.

11월 25일 4·3해원방사탑, 여지없이 모이는 순례자들. 오늘은 일본에서 제주도에 유학 온 무라카미 나오코도 순례동행이다. 조용하게 마을을 걸으며, 애기동백을 보며 선흘리 4·3과 연결지어 보는 대화. 담벼락에 담쟁이들을 보며 나누는 4·3생명력. 이런저런 조용한 이야기. 깊은 나눔들. 1948년 11월 21일 제주도에 내려진 소개령. 그리고 25일과 26일, 27일. 3일에 걸쳐 마치 윷놀이하듯 연이은 세 번의 토벌사냥에 함덕, 농업학교, 박성내, 주정공장, 정뜨르 비행장, 형무소 등지로 흩어진 꽃잎들.

실물가름, 큰가름을 지나 곶자왈로 들기 전 밭못(田池)에서 잠시 쉬면, 얼마 전 유해 1구가 발굴된 돌무덤이 떠오른다. 예전 순례에서 창훈이가 김석교 시인의 '어떤 귀향'을 낭송하였던 곳. 도틀굴. 1948년 11월 25일 시작된 윷놀이 학살, 첫 번째 학살지다. 모진 고문에 입을 연 그 사람을 위해 굴 입구에 향을 하나 피워 시 한 편 드리고 숲을 걷는다. 힘겹게 아주 힘겹게 기어 들어 간 목시물굴에서는 박쥐와 눈이 마주쳤다. 당시 불을 밝혔던 호롱불, 그릇들, 고무신 등등.

목시물굴에서 순례자들을 기다렸던 4·3역사는 춥고 어두웠지만, 곶자왈 가운데 하늘 열린 곳에 있는 동백동산습지, 먼물깍에는 따뜻한 가을 햇살이 있다. 상처와 치유의 공간, 곶자왈. 그중 선흘곶은 제주 곶자왈의 상징이며 허파. 사람의 손이 닿기 시작하면서 파괴되고 있는, 그러나 아직 싱싱한 푸름을 간직한. 4·3역사를 품고 있다가 순례자들에게 내 주는 자연에 대한 예

목시물굴 안에 선연한 당시 삶의 흔적. 가운데 호롱에 촛불을 넣자 굴 안이 밝아졌다.

의를 생각하게 하는 그대, 곶자왈.

곶자왈을 지키는 것은 4·3역사를 지키는 것이란 걸 새삼 깨닫는다. 동백동산에서 조금 떨어진 곳에 낙선동이 있다. 4·3당시 성을 쌓아 주민들을 관리하였던 일종의 격리 시설인 전략촌이 그대로 마을이 된 것이다. 제주섬 전체를 이어 이은 흑룡만리 제주 돌담. 토벌당국은 제주민들에게 그것을 해체 하면서 전략촌을 만들었다. 공동체의 해체다.

낙선동 성터는 역사가 유희화 되는 불편함이 있다. 어정쩡한 재현은 오히려 민속촌만 못하고, 4·3이야기는 오히려 희석되고 왜곡될 지도 모른다는 생각이 강하게 든다. 이젠 단어조차 어색한 '반공' 전초기지를 떠올리게 하니, 4·3현장교육의 어두움이 느껴진다. 4·3역사를 미래에게 들려주기 위해서는 단어 하나 문장 하나에 신중해야 함을 되새긴다.

낙선동 성터 입구에는 '4·3폭낭'이라는 나무가 있다. '한라산에 토벌을 나갔다가 캐서'라고 적혀있다. 무책임한 표현은 여기에도 있다. 토벌은 누가 나간 것이며 토벌 대상은 누구인지, 나무는 누가 파 왔는지, 없다. '4·3폭낭'이라고 대표성을 붙인 주체는 누구인지. 토벌 기념으로 심었다는 설명은 엄청 불편함이다. 자연에 대한 예의는 물론 아니다. 제주섬 전체가 '전략촌' 구성에 몸살을 앓을 때 한라산에 뿌리내리던 나무들도 피해를 입는다. 강제 이주 된 사람들처럼 소개 당한 나무들이다. 그 지점에서 서귀포 송산동 먼나무가 떠오른다.

옛 서귀포시청 자리, 한라산에 토벌을 갔다온 기념으로 심었다는 먼나무가 있다. 1971년 제주도 기념물 제15호로 지정되기도 하였으나, 2005년 10월에 기념물 지정을 해제하였다. 처음 기념물로 지정할 당시, 나무에 대한 사연을 모르진 않았을 터, 기념물 지정을 할 땐 그만한 배경이 되던 시절이었을까? 지금은 그 역사적 해석이 달라진 것일까?

먼나무가 있는 서귀포는 관광지로 유명한 정방폭포가 있다. 한라산에서 내린 물이 해안가로 모아져 동양 유일의 바다로 떨어짐을 자랑하는 정방폭포. 누군가에게는 그곳이 추억 어린 관광명소로 기억되겠지만, 누군가에게는 끔찍한 학살 현장으로 기억되고 있다. 폭포 옆 소남머리 절벽아래로 폭포수처럼 떨어지던 그 이야기를. 정방폭포는 동광마을 사람들이 세상을 마지막으로 본 곳이기도 하다.

반쪽자리 나라를 반대하며 죽어간 제주사람들. 반쪽자리라도 권력을 쥐고 싶던 이승만과 미국. 이승만이 군인을 비롯한 일행과 함께 정방폭포를 배경으로 서귀포 앞바다를 바라보는 기념사진 한 장이 있다. 그가 원하던 반쪽, 대한민국 초대 대통령이 된 그는 후일 이곳 정방폭포가 바라다 보이는 곳에 자신의 별장을 지었다. 그들이 바라본 자연은 그날 죽음을 기억할 것이다.

나무이야기를 하면 떠오르는 나무가 있다. 애월읍 하귀리 비학동산에 서 있는 팽나무다. 그리고 강요배의 '동백꽃 지다' 전에 출품된 작품 중에는 이 하귀리 비학동산을 떠오르게 하는 그림이 있다. '부모들'이란 작품이 그것이다.

1948년 12월 10일, 군경토벌대는 이곳 비학동산에 사람들을 모아놓고 팽나무에 매달아 죽인다. 그날을 기억하는 사람들, 아이를 밴 임산부까지 희생되는 끔찍한 학살에 대한 충격으로 살아남은 사람들은 그 나무를 베어버린다. 그렇지만 오히려 미안함이 생겨 버리고, 그 자리에 다른 팽나무를 심는다.

두 그루 나무 이야기인데, 우리에게 기억되는 것은 한 그루 같은 이야기다. 그 날의 일기를 기억하고 싶지 않아 일기장을 찢어 버리듯 마을 사람들은 나무를 잘라내었지만 그 잘라낸 마음은 섭섭함이 되고 또 다른 아픈 기억이 되어가기에 대신 할 수 있는 또 다른 나무를 심은 것, 그야말로 死삶인 것이다.

제 고향에 뿌리내리다 소개된 서귀포 먼나무와 낙선동 팽나무. 기억하기 싫은 역사를 기억하는 것을 부정당한 비학동산 팽나무 이야기는 상처 위에 새순 틔운 선흘리 불칸낭을 떠오르게 한다.

불칸낭

과거가 있고 현재도 있는 불칸낭에는 미래도 분명히 있다

새로운 씨앗까지 잉태하고 그 위에 새살 돋고

어디서 날아왔을까?

자기 몸에 상처 그대로 하늘 높이 푸르른 줄기

저 나무는 죽은 나무라고 규정짓고 지나쳤으리라

여느 누가 이야기하듯

4·3은 죽은 이야기, 지난 이야기라고

가까이 가보지 않았다면

그을린 자리 그대로 그것만

눈에 들어왔다

몸뚱이 뿐인

뼈만 남은

시커먼

처음

  죽은 줄 알았던 나무가 새 생명을 품고 푸르게 자라고 있는 나무다. '불탄 나무'. 현장을 보지 않고 그 死삶에 대해 상상은 예의가 아니다. 자연물에 스민 4·3역사에 대한 순례는 무궁무진 끝이 없다. 그 이야기는 제주돌담처럼 이어지고 이어진다. 그리고 어느 학자가 말했듯 '흑룡만리(黑龍萬里)'라는 표현에는 제주공동체를 담은 멋스러움이 느껴진다.

왼쪽 사진_마을 안길에 푸르른 '불칸낭'에 선연히 상처로 남은 기억.

흑룡만리 제주 돌담은 바람이 쌓은 예술이다. 가슴에 구멍을 내어 바람길을 만들어줌으로써 자신도 무너지지 않는 과학적 삶. 그 바람길, 구멍으로 보는 제주 자연은 또 다른 그림이다. 바람도 지나고 사람의 눈도 지나는 눈길이다. 그러나 여지없이 그 눈길이 머무는 곳에는 언제나 학살의 충격이 있는 곳이 제주섬이다. 제주섬을 휘감는 그 흑룡만리도 4·3광풍에는 수없이 스러졌다.

한림읍 한림3리 강구리 뒷골 장성. 한림지역은 특이하게 마을마다 따로 성을 쌓은 게 아니라 한림지역 마을들이 하나로 이어지는 성을 쌓는다. 그래서 성 이름도 장성이라 부른다. 또 한 가지 특이점은 당시 한림면은 지금의 한경면까지 포함한 행정구역이다.

예전 순례길에 마을회관에서 놀았었다. 그날은 마을회관에서 점심식사를 했는데, 우리에게 성을 안내해준 노인회장님이 마을 이장님에게 풍물패가 왔다는 말을 해서 갑작스럽게 때 아닌 공연을 펼치게 됐었다. 이장님이 마을 방송으로 '4·3순례연주단'이 왔으니 보러 오라고 하여, 우리는 어느새 연주단으로 탈바꿈했고, 처음엔 우리도, 마을 분들도 어색한 터라 조심스럽던 것이 나중엔 아주 흥에 겨워 어울렸던 순례가 주는, 다른 즐거움이었다.

저지오름을 가운데 두고 동서남북으로 마을이 있는 저지리. 오름자락 바로 아래 중동, 남동을 비롯하여 동쪽으로 성전동, 남쪽으로는 명리동, 그리고 북쪽이 수동인데, 수동은 이웃마을 조수리와 붙어 있어 오히려 조수리로 알고 있는 경우가 많다. 조수리와 수동을 구분할 수 있는 게 바로 수동성인데, 수동성은 조수리와 저지리 경계에 쌓은 성이다.

대정읍 구억리 성은 정확히 말하면 3개 마을에 걸쳐 있다. 선흘리 낙선동

성처럼 사람들을 전략적으로 관리 감독하기 위해 마을에서 확연히 벗어난 지금 자리에 성을 쌓았고, 그대로 눌러산 게 지금에 이른 것이다. 이후 전략촌 사업이 무명무실 하게 되자 사람들은 원래 마을로 돌아가지 않았고, 전략촌 북쪽, 자신들 고향으로 마을이 자연스레 확장되면서 지금의 구억리가 형성되었다.

성 북쪽에 삼거리가 있는데. 그 삼거리를 경계로 구억리, 보성리, 안성리로 나뉜다. 결국 우리가 알고 있는 구억리는 3개 마을에 주소를 두고 있다.

견벽청야(堅壁淸野). 벽을 튼튼히 하고 들을 비운다. 고전적인 군사전술의 하나다. 강요배 선생은 이런 전략촌에 관한 이야기들을 '동백꽃 지다' 연작 중 하나를 이렇게 제목을 달고 그렸다.

자연은 自然이다. 스스로 그러하여야 한다. 그러나 4·3역사 속의 자연은 그러지 못하였다. 타인에 의해 삶이 제어당하는 경우는 인간이 아닌 자연에도 가해졌다. 토벌이 기념이 되던 시절, 그 절정은 한라산 정상에서 마침표를 찍는다. 반도 최남단 마라도와 한라산 정상이 이어진다.

자연에 대한 예의

마라도와 백록담

마라도와 백록담을 연이어 순례한 적이 있다. 동행도 같았고 아름다운 대자연에 행복한 순례였다. 그리고 아픈 기억이다. 가슴, 아니 명치 한가운데 못이 박힌 기억과 발가락에 가시가 박혀 순례길을 걸을 수가 없었다.

제주도 대정읍 마라도에는 대한민국해군사관학교 제41기 일동이 세운 비석이 있다.

1949년 7월 23일, 당시 2연대 토벌대는 한라산 정상 백록담 서북벽 봉우리에 평정기념비(平定紀念碑)를 세우고, 1954년 9월 21일 백록담 북벽, 제주시가 바라다 보이는 장군바위 옆에는 또 하나의 비석을 세웁니다. 한라산 개방평화기념비(漢拏山開放平和記念碑)라 하여. 예나 지금이나 군대문화는 자연에 대한 예의 없이 평정이나 점령 따위를 기념하나 봅니다. 4·3역사의 한이 서린 제주도 한라산 정상에도, 대한민국 최남단 마라도에도 군사문화가 박혔습니다. 그리고 제주4·3의 피를 먹고 자란 대한민국은 제주도 강정마을에 해군기지를 짓고 있습니다.

마라도 순례를 준비하고 떠났던 처음 순례는 날씨 탓에 배가 가지 못하여 섬이 바라다 보이는 송악산 절울이에서 노래만 들려주고 돌아왔습니다. 그리움에 그저 노래만, 사랑하는 이가 보고 싶으면 그가 있는 곳을 최대한 가까이 가듯, 마라도가 최대한 가까이 바라다 보이는 송악산 절울이에는 파도소리가 두둥둥 북을 울리고 그 위에 노래 소리를 얹었습니다.

♬ 마라도의 꿈 (소리로 크는 나무 작사, 작곡)
산새 잠들어도 어둠의 빛을 지키고 물소리 잠들어도 음모의 끝을 잘라내고
피 흘린 영혼이 헤매 도는 한라산 줄기 이 자리 지켜 앉아 일어서는 소리 들으리
억눌려도 역사의 말발굽 소리 짓밟혀도 우리의 옷고름이여
허리 잘린 아픔은 아직도 그대로인데 그대 어찌 침묵만 하는가
기다림에 눈멀고 세월이 나를 쪼아도 열사의 눈물이 어루만지리니
끝내 일어서는 통일, 통일의 외침을 나는 들으리

마라도를 못 간 아쉬움을 송악산 절울이에 두고 돌아오던 길, 일제강점기 군사유적지가 많은 알뜨르를 들렸습니다. 살기 위한? 죽이기 위한? 그리고 그 시설들을 세우는 데 든 많은 노동은 분명 제주섬 사람들을 착취하였을 터. 섬의 또 다른 고통.

마라도순례는 그곳에서 보았던 한라산순례를 하게 하였습니다. 가을, 단풍 드는 계절, 한라산에 들기 위해 붉은단심으로 순례자들은 아직 동 트기 전인 새벽 일찍 모였습니다. 능화오름을 지나 개미등을 따라 오르다보니 삼각봉 앞에서 아침 햇살을 맞았습니다. 그리고 한라산 백록담. 서귀포 앞바다는 물론, 성산일출봉과 우도, 장구목 너머 제주시까지 눈에 드는 좋은 날씨에 순례자들은 저들이 심은 평화비니, 평정비에 대한 기억을 잠시 접어 둡니다.

한라산 통행금지와 제주섬을 나가는 출륙금지를 넘는 상상으로 최남단 마라도를 가고, 한라산을 가는 것으로 이어진 순례길은 정의로운 4·3항쟁의 역사를 더듬어 보는 정도였습니다. 그날을 살아 보지 않은 우리들, 오늘만을 사는 우리들로서는 한라산이 꾸었던 꿈의 크기, 마라도의 꿈은 가늠할 수 있는 게 아니었습니다. 다만 자연에 대한 예의, 인간에 대한 예의를 조금 배우고 다녔을 뿐입니다.

섬 하나 산 하나 제주도. 그럼으로 한라산은 제주도의 또 다른 이름. 한라산을 지켜 온 사람 제주도민들. 그런 주인들에게 감히 개방을 말하고 감사를 강요하면서, 그 심장에 비석을 박으면서까지 자신들의 행위를 찬양하는, 자연에 대한 예의도 없고, 인간에 대한 예의도 없는 그들이야말로 제주공동체를 헤친 역사적 죄인입니다. 돌아봄과 고마움은 순례길에 기본입니다. 그 마음은 한라산 동북쪽 흙붉은오름에서 시작하여 내리는 화북천을 따라 갑니다.

화북천과 별도봉

막은내와 부록천, 그리고 화북천 주류가 별도봉을 마주하고는 함께 바다로 흘러갑니다. 그곳에 곤을동 마을터가 있습니다. 마을 입구에는 마을터에 대한 기록을 새긴 표석이 있는데. 표석의 문구 하나 '군 작전'이란 표현이 거슬립니다. 민간인을 대상으로 군 작전을? 이는 공무수행을 하였다는 말? 역사에 정당성을 부여하고 싶었을까요?

울담만 남은 마을터. 올레에 아흔 노구의 백발노인이 뒷짐지고 바다를 바라보고 있는 상상을 합니다. 무엇을 기다리는 걸까요. 그 시선을 따라 바닷가를 가니 다랑쉬굴에서 만났던 '해원상생굿'을 기록하는 표석을 여기서도 만났습니다. 그런데 표석 가운데가 무슨 커다란 망치로 때린 것처럼 파괴되어 있습니다. 그뿐이 아닙니다. 제주민예총에서 '해원상생굿'을 치르고 난 후 방사탑을 세웠는데, 그 탑 꼭대기 까마귀모양의 부리가 부러져 없습니다. 일부러 하지 않고서야 있을 수 없는 일들입니다.

마을터에는 물방앗간에 지금도 방앗돌이 놓여져 있고, 집터에는 안거리와 밖거리 등을 말해주듯 담벼락들이 있습니다. 화장실 같은 곳을 지나, 올레를 벗어나면 멀리 별도봉 절벽이 보입니다. 그 절벽 아래는 솟는 물인 산물이 있습니다. 그 바닷가 용천수는 귀한 물이라 제삿날은 꼭 이 물로 제사 음식을 지어 올렸다 합니다.

새로 조성된 올레길 따라 오르면 별도봉으로 가는 산책로를 만납니다. 느릿느릿 오르다 보면 숨이 턱을 채울 만하면 정상입니다. 바람을 느끼며 숨을 고릅니다. 멀리 한라산을 보며, 지난번 입산하던 순례를 떠올립니다. 뒤돌아 산지항 앞바다를 보며, 주정공장에서 시작하는 다음 순례, '제주바당 이어도 연유'에 대한 길을 가늠해 봅니다.

지난 2007년 유해발굴사업으로 희생자 시신 8구가 나란히 누운 채 세상에 모습을 드러냈는데, 별도봉 진지동굴이었습니다. 오랫동안 혼백을 품었던 별도봉엔 '장수산책로'를 따라 일본군 진지동굴이 있습니다. 허리춤에 구멍이 뚫리고, 그곳에 죽음에 대한 기억이 있어도 가슴에 품고 있는 별도봉. 자연에 대한 예의가 없는 우리 인간들은 다시 길을 내어 오래 살고 싶은 마음으로 장수산책로를 걷습니다.

발굴된 유해가 수습되어 제주대학교로 운구 되던 날 그것도 이별이라고 왠지 섭섭함이 밀려와 벗들과 막걸리를 나누던 때가 떠오릅니다. 유해발굴 당시 처음 유골을 만났을 때는 공포가 먼저 반응하더니, 조금씩 수습하다가 정이 들었습니다.

아침에 출근하면 '왓수다' 인사하고, 저녁에 퇴근하면서 '감수다' 인사하며 생긴 정. 발굴 기간 중 설날을 맞자 벗과 함께 찾아와 음식과 술을 올렸던 기억들. 이 모든 것을 온전히 품어 준 자연, 별도봉에 감사하던 나날이었습니다.

♬ **별도봉 비가 (최상돈 글, 곡)**

아무에게도 말하지 않았지 너의 아픔을 알면서도 아무 말 못했지
열두 신뼈로 소리치던 그날의 목소리 나의 가슴 파고들어 깊이 박혔는데
아무 일 없는 듯 그저 가슴에 파 묻고 걷고 걷고 걸으며 살자 살자

이런 별도봉의 아픔을 아는지 모르는지 사람들은 아무 말 없이 세월을 걷고 걸었습니다. 화북천에는 세월(다리)이 있었습니다. 신작로가 생기기 전에는 성안을 가려면 그 세월을 건너야 했습니다. 그 세월 옆에 유해 3구가

올담만 남은 곤을동 앞바다에서 없어진 세월을 그린다.

2006년 5월 4일에 발굴 되었습니다. 우연(?)히 만난 역사. 2006년 5월은 결코 푸르지 않던 계절이었습니다.

♬ 근조 대한민국 (김경훈 시, 최상돈 곡)
이천육년 오월 사일 평택 대추리에 군경민 합동토벌대가 들이 닥친날

그날 제주에서는 총살당해 암매장된 유해들이 발견되었다
  미국의 금줄로 두 동강이 난 채 제주4·3의 피를 먹고 태어난 대한민국이
  정확히 오십팔년 후 평택 대추리의 피를 받아 미국 철조망 공사에 공구리 치고 있다
  대한민국에 죽은 유해들은 햇빛을 보았지만
  오늘 대한민국에 산 사람들은 버려지듯 다시 암매장 되었다

 지난 2006년 4월 14-15일에 다녀온 평택 황새울 벌판이 눈에 아립니다. 4·3 때 군경합동으로 벌인 토벌이 현재 2006년에도 여전히 진행되는 대한민국. 사람을 먹여 살리는 곡식이 나오는 생명의 땅이 사람을 죽이려 하는 전쟁을 준비하는 죽음의 땅으로 변하다니요. 그것도 저 대추리 사람들-노인들은 이번이 세 번째라고 합니다. 짠 소금갯벌을 담수를 길어다가 소금기를 빼내는 데 평생을 바치고, 이제 쫓겨 다니는 것이라 합니다. 5월 5일, 미래의 주인이라 하는 '어린이날' 아침, 불편한 노래 한 곡 지었습니다.

 그 많은 아픔들을 품은 채 우리 인간에게 푸르름을, 그런데도 인간은 그 자연을 함부로 파헤치고, 임의대로 정리를 합니다. 그런데도 자연은 말없이 흐르면서 우리 인간을 떠나지 않습니다. 하천정비사업으로 유해가 발굴된 곳도 사라지고 나니 화북천이 아흔노구처럼 느껴집니다. 다시 찾은 순례길에 작은 진설을 하고 향을 피우고 노래이야기를 나눕니다. 그에 답하듯 별도봉과 화북천은 바다를 바라보던 아흔노구의 흥얼거림인 양 말을 걸어옵니다.

화북천의 세월
(2004)

최상돈 글, 곡

별도봉 비가
-장수산책로를 걸으며-
(2007)

최상돈 글, 곡

그해 여름, 바람꽃처럼

그해
역사 집줄 놓기. 4·3역사로 단절된 공간, 단절된 섬. 바람 타는 섬 초가지붕 이어 공동체 삶을 살던 제주. 그 집줄 놓기는 역사를 마중 나가면서 시작된다. 아직 낯선 길인가. 우리는 임진강을 넘지 못하고 현해탄을 넘지 못하고 있다.

여름
여름은 꿈이 영그는 계절. 그 자체가 뜨거운 평화. 단 한 번의 올곧은 헤어짐을 위해 오늘도 우리는 단 한 번의 뜨거운 이별, '미여지벵뒤'를 떠올린다. 나비 되고 바람 되어 생명꽃이 핀다. 그리움은 고립을 뚫고 평화의 섬으로 감돌아 든다.

바람
역사 진실 찾기. 단절된 역사로 외롭던 섬은 자신의 품 안에 외로운 마을을 낳고 있다. 외면되고 무시당하고, 반복되는 역사. 우리 모두의 바람은 바람신 영등의 바람처럼 自然스런 平和다. 인공적이고 강제적 평화가 아닌 자연이다.

4월. 統一獨立戰取의 길

    1. 도심 속 기억 공간은

    2. 全就! 統一獨立!!

    3. 순례, 역사마중길

5월. 死삶抗爭大動의 길

    1. 가늠 못할 꿈의 크기

    2. 순례, 평화에 대하여

    3. 순례, 5월 대동의 길

6월. 辛丑濟州抗爭의 길

    신축년 바람까마귀들

    1. 천주교제주교구 황사평 묘역(天主敎濟州敎區 黃蛇平 墓域)

    2. 제주대정삼의사비(濟州大靜三義士碑)

    3. 단산(簞山)과 대정향교

    4. 신평본향(新坪本鄕)

    5. 명월진성지(明月鎭城址)

    6. 제주읍성지(濟州邑城址)와 관덕정

統一獨立戰取의 길

도심 속 기억 공간은

　도시화는 기억을 삭제, 또는 편집해버린다. 특히 일상에서 만남과 소통, 관계를 이어주는 마중 가던 공간으로서 길이 변형된 것은 기억에 대한 왜곡을 낳게 되어 더욱 그렇다.

　마중은 앉아서 기다린다가 아니라, 임마중처럼 기다리는 설렘도 있으면 더 좋겠고, 버선발로 나가서 맞듯. 역사마중은 적극적이어야 한다. '애기동백꽃의 노래'에는 '님 마중 나갔던 계집아이가 타다타다 붉은 꽃이 되었다더라'라는 가사가 나온다. 그 아이 꾸었던 꿈의 크기가 얼마였는지 우리는 감히 가늠하지 못한다. 지금은 도시화에 밀린 역사의 기억들과 3월의 봄. 사진과 이야기로만 남은 그 공간들.

　도심 속에서 기억을 더듬기란 어딘가 어색한 건 분명해 보인다. 높아진 건물에 한라산은 오간데 없고, 사람들보다 자동차가 넘치는 길은 정신까지 뺏는다. 그러나 1947년 28주년 3·1절 기념대회에 참석하던 제주사람들의 움직임은? 마치 사막에서 오아시스를 찾듯, 신기루를 상상하듯, 걷는 것도 순례가 지닌 큰 의미가 아닐까? 그래서 시작된 이 길. 1947년 3월 1일 그날의 시간과 공간을 상상하며. 그리고 역사는 무 자르듯 싹둑 편집되는 것도 아님을 염두에 두면서. 그래서 통일독립전취는 全就가 되길 바라는 마음이다.

全就! 統一獨立!!

8월 15일은 대한민국 광복절이다. 光復. 빛을 회복하다. 하지만 그 광복-해방은 분할점령의 시작, 분단이었다. 더군다나 독립은 더욱 아닌. 오만하던 일장기 대신 그 자리엔 성조기가 올라갔고, 미군정-미군강점기가 시작되었다. 우리 겨레에게 해방은 과연 존재하였는가. 아니면 아직도 독립투쟁은 이어지고 있는 것인가. 친일파 청산은 커녕, 그 친일이 친미로 갈아탄 자들은 당시 발표한 '맥아더 포고문'에 적힌 영문자를 놓고 '점령'이 아니다하며, 군이 점령을 부정하려 한다. 다시 생각해 볼 역사가 많아진다.

1945년 9월 28일, 제주농업학교에서 일본군이 미군에 항복문서를 작성한다. 일본의 최후항전 결7호 작전 지역 중 하나인 제주도에 대한 미군의 무장 해제는 항복 문서 작성 직후인 9월 28일부터 10월 초순 사이에 이뤄진다. 모슬포 알뜨르비행장 주변 갱도 진지와 탄약 저장고 등을 파괴했고, 각종 소총과 포 등을 배에 실어 먼 바다에 버린다.

미군이 제주도에 들어오기 이전 8월 초, 미군기 3대와 일본군기 4대가 제주도 상공에서 공중전을 벌여 일본군기가 모두 격추되었고, 미군기의 공습으로 어선 등이 침몰되는 사례가 많았다 한다. 이를 지켜보는 당시 분위기에 대한 일부 증언에 의하면, 일방적으로 응원은 없었으며, 그렇다고 일본군기가 추락한다고 환호를 지르지도 않았다 한다. 오히려 일본을 자신의 나라라 인식하는 사람들이 있어서 묘한 상황이 나오기도 했다 한다.

태평양전쟁을 통해 대동아공영을 꿈꾸던 일본에 대한 연합군의 보복은 오키나와를 향했다. 오키나와는 막바지 미군의 공격으로 인구의 3분의 1에 해당하는 12만이 사망했고 궁지에 몰린 일본군은 오키나와 주민들에게 집단 자살을 강요했다. '당시 미군이 제주도를 침공하였더라면' 이란 상상을 하게 되는 역사다.

광복은 해방이 아니었고, 독립은 어정쩡하였다. 같은 민족을 고문하고 괴롭히던 친일파들을 단죄하고 스스로 독립국가를 세우려던 꿈은 무너져가고, 분단구조 속 친일파들은 여전히 독립투사들을 잡아 가두며 고문하였다. 이런 상황에 제주섬은?

제주도는 마을마다 학교를 세우고, 스스로 자치조직을 꾸려 치안유지를 한다. 학교는 십시일반 모은 마을 주민들의 정성으로 만들어져 마을 공동체의 구심점이 되었고, 인민위원회를 향한 믿음은 일제가 전국에 내린 해산명령에도 남아 있을 정도였다. 그런데 이런 희망은 미군강점 3년을 거치면서 절망으로 바뀌었다. 마을공동체의 중심이던 학교는 토벌대가 주둔하며 죽음의 공간으로 변질되었다.

1945년 9월 10일, '제주도건국준비위원회' 결성식이 제주농업학교에서 열린다. 미군정 시기에는 '양과자 반대투쟁' 등 미국의 점령정책에 저항하는 학생운동이 제주농업학교 학생들이 중심이 되어 벌어졌다. 일제강점기 제58군사령부가 주둔하기도 했던 제주농업학교는 4·3당시에는 9연대에 이어 2연대 본부가 주둔하면서 토벌의 중심지가 된다.

미래, 젊음이 들끓던 학교운동장에는 천막수용소가 들어섰고, 그곳에서는 구금, 취조, 즉결처형이 날마다 이루어졌다. 그리고 1948년 6월 18일 새벽, 국방경비대 9연대에 이어 제주도 토벌의 임무를 맡았던 제11연대장 박진경이 암살된다.

박진경은 경남 하동 출신으로 일제강점기 일본군 소대장으로 제주도에 근무한 적이 있다. 그가 제주도에 있는 일본군 요새도 잘 알 것이기에, 미군정은 그로 하여금 강력한 토벌을 기대하였다. 분위기 반전을 노렸던 미군정에게 그가 암살된 것은 충격이었다.

1947년 3월 1일 오전, 제주농업학교, 제주여중, 오현중학원 등 학생들이 모여 '제28주년 3·1절기념대회'를 오현중학원에서 개최하였다. 이 집회는 그날 제주북초등학교 집회를 주도한 '3·1기념투쟁위원회'와는 별도로 1947년 2월 24일 결성된 각급학교 '3·1절 기념준비위원회'가 주도하였다. 이곳에서 집회를 마친 학생들은 시위행렬을 이루어 제주북국민학교에서 개최된 집회에 참가했다.

오전 11시. '제28주년 3·1절 기념 제주도대회'가 제주북국민학교에서 열렸다. 주변에는 사람들로 인산인해를 이뤘다. 이날의 군중 수는 대략 3만을 육박했다. 행사장 주변에는 제주읍뿐만 아니라 애월면, 조천면 등에서 온 주민들이 모여들었다.

이날 제주전도 10개 면에서도 별도의 기념식이 열렸는데 각 지방마다 수천 명씩 모였으며, 대정국민학교에서는 6천여 명이 모였다. 미군정과 경찰의 원천봉쇄와 회유에도 해방직후 정치사회적 열기는 식을 줄 몰랐다. 이날 안세훈 위원장은 '3·1혁명정신을 계승하여 외세를 물리치고, 조국의 자주통일 민주국가를 세우자'는 내용의 대회사를 했다.

오후 2시, 공식대회는 마무리된다. 그리고 관덕정 앞. 대회를 마치고 해산하는 군중 사이에서 한 어린아이가 미군정 기마대가 탄 말발굽에 치였다. 사람들이 사과를 요구하자 그냥 무시하고 지나가려 했다. 이에 사람들이 돌을 던지면서 항의 시위를 했다. 그러자 경찰이 군중을 향해 총을 쏘았다. 현장에서 4명이 숨지고 부상자 2명은 근처 도립병원으로 옮겼지만 곧바로 숨졌다. 도립병원에서도 경찰은 총을 쏘았다. 부상자들을 부축하며 병원으로 오는 사람들에게 경찰이 총을 쏘아 부상을 입힌 것이다.
 3월 10일, 제주도민은 발포 사건에 대한 책임을 묻는 의미로 민관총파업을 선언한다.

♬ 기억하라 3·10 총파업! (김경훈 詩, 최상돈 곡)
기억하라, 1947년 3월
물 막은 섬 제주도에서 찬연히 타올랐던
3·10총파업의 깃발과 함성!

친일과 민족배반자와 미군정에 의한 무고한 희생
그에 대항한 전도민적인 장기항전!
제주도의 모든 기능은 완전히 마비되었고
거리에는 강아지 한 마리 얼씬거리지 않았다
그야말로 전 도민이 참여한 폭풍 같은 항쟁이었다!

그로부터 1년 후 / 제주도는 그 불씨를 온전히 키워 / 거대한 봉홧불을 이루었다
섬 전체가 온통 자주와 통일의 열망으로 타올랐다 / 4·3민중봉기의 절정을 이루었다

1947년 3월 한 달 동안
미군정과 그 하수인들의 만행에 온몸으로 저항한
세계사에도 그 유래가 드문 민관합동 총파업!
기억하라, 3·10총파업
그 거대한 열정의 빛나는 투쟁을!

순례, 역사마중길

비가 내리는 3월 1일. 순례자들이 모여듭니다. 우산을 받쳐 든 순례자, 그냥 잠바 모자를 뒤집어 쓴 순례자. 다양한 모습이 역사를 닮았습니다. 여느 때와 같이 4·3해원방사탑 앞에서 잠시 묵념을 하고, 걸음을 옮깁니다. 해원방사탑이 있는 제주시 신산공원을 벗어나 역사를 만나러 가려면 산지천 다리를 건너야 합니다. 마치 역사를 마중가는 게이트처럼. 그 게이트를 지나면 삼성혈을 마주하게 됩니다.

삼성혈은 광양벌 한복판에 있습니다. 지금은 광양초등학교와 광양성당, 보성시장, 그리고 주택가가 자리를 잡고 있어서 광양벌을 가늠하기 어려워졌지만, 《제주100년》에 실린 사진을 보면 어느 정도 가늠할 수 있습니다. 당시 이승만이 도청(지금 시청)을 등지고 삼성혈을 마주하고 연설하는 사진, 사진에는 미군들도 보입니다. 삼성혈 남쪽 길을 걸어 보성시장을 지나 횡단보도를 건너면 좁은 골목길이 조금 남아 순례자들을 반깁니다.

제주농업학교 터입니다. 전농로가 남북으로 가른 학교 터. 그러나 조금만 들여다보면 당시 흔적들을 만날 수 있습니다. 교사, 교사 앞 화단, 둥근 화단과 나무들, 계단 아래 운동장, 학생들, 젊은 그들이 꾸던 꿈의 크기. 미군이 들어오면서 9연대가 주둔하던 시기 검은 천막들이 있던 운동장에는 주택단지로 바뀌었지만, 한라산에서 잡혀 온 제주사람들이 어른거립니다. 그러다가 문득 사진 속 성조기 위치가 궁금해집니다.

9연대 정문 앞에 걸렸던 성조기 위치는 2연대 정문 사진을 통해 구체화됩니다. 운동장 터에서 그곳을 바라보면 그 너머로 칼호텔이 보입니다. 호텔신축에는 지하2층 작업이 있었습니다. 그러다 보니 땅을 파게 되고, 시

전농로. 지금은 벚꽃이 흐드러지는 아름다운 길이지만, 일제강점기에는 제주에 유일한 고등교육기관인 농업학교 교정이었다. 1945년 점령군으로 상륙한 미군은 이곳에서 서울과는 별도의 제주 주둔 일본군의 항복을 받는 항복조인식을 가졌다. 직후부터 미군의 59군정중대본부가 설치되었고, 4·3초토화작전 시기에는 보병2연대본부가 주둔했던 역사적인 장소이나, 지금은 어떤 흔적도 남아 있지 않다.

멘트를 퍼 부었을 것입니다. 그렇듯 칼호텔이 만든 그늘은 그 높이만큼이나 넓습니다. 그 그늘을 걷어내지 못한 채 주어진 길을 따라 오현단을 향합니다.

   1947년 3월 1일 그날, 우리는 학생들이 걸었음직한 길을 따라 걷습니다.

건너편 건물 2층이 당시 서북청년단이 사무실로 쓰던 공간이다. 허름한 건물인지라 당시 1층에서 제사를 지내는데 2층에 서청이 틈새로 오줌을 쌌다는 이야기가 있다.

오현중학원 터. 각급학교 '3·1기념준비위원회'가 주최한 독자적 집회가 있었던 곳. 잠시 상상해 봅니다. 그 젊음들을. 그 젊은 청춘들이 제주북초등학교로 행진하기 시작합니다. 순례자들도 따라 걷습니다. 이내 그들 무리가 되어 제주북초등학교로 행진합니다. 9연대 헌병대 정보과 건물을 지나고, 인민위원회 사무실을 지납니다. 그런데 갑자기 길이 막혔습니다. 아, 현실. 신호등.

잠시 횡단보도에 서서 맞은편에 있었던 서북청년단 본부 터를 바라보며

제주신문사가 있던 공간. 내부에 들어가면 당시 기둥 일부가 남아있다.

그날 기억들을 나눕니다. 제주도인민위원회 터. 1945년 9월 10일 제주농업학교에서 결성된 제주도건국준비위원회가 그해 11월 1일 제주도인민위원회로 조직이 바뀝니다. 일제강점기 항일운동가들이 주축이 된 인민위원회는 스스로 제주도 치안공백을 메우고 있었고, 극렬 친일파를 제외한 대부분의 청장년층이 참여하여 도민들의 믿음이 높았습니다. 미군정에 의해 해산 명령이 전국적으로 내려진 상황에서도 제주도인민위원회는 해산되지 않을 정도였습니다.

28주년 3·1운동기념식이 열렸던 제주북국민학교 교정(현 제주북초교 교정).

제주시 한복판에서 그날 인민위원회에 대한 이야기를 나누다 보니 신호등이 여러 번 바뀌는 줄도 몰랐습니다. 다시 세월을 거슬러 기억을 따라 도착한 곳은 당시 제주신보사가 있었던 곳입니다. 관련 삐라들이 인쇄되기도 하였고, 서북청년단에게 신문사 경영권이 잠시 빼앗겨 넘어가기도 했던 곳입니다. 서북청년단 사무실과 불과 100미터도 안 떨어진 곳이라서 서북청년단원들이 수시로 드나들며 테러를 하기 일쑤였습니다. 제주경찰감찰청이 있었던 곳을 스쳐 지나자 제주북초등학교입니다.

탐라개벽이래 최대인파인 3만 도민이 모여 제28주년 3·1절 기념대회를 열고 있습니다.

가마니에 숯으로 태극기를 그리는 사람들.

일장기를 태극기로 바꿔 그리는 사람들.

완성된 그 깃발을 대나무에 걸고 높이 올려 흔들며 뛰노는 아이들.

'통일독립전취하자'라고 적은 만장을 쥔 두 팔이 건강해 보이는 머리띠 묶은 젊은이들.

아이들 뛰노는 모습 보랴 연설 들으랴 바쁜 나이 지긋한 노인들.

상상만으로 그날 역사적 바람을 가늠하기엔 턱없이 부족하겠지만 순례자들은 그날 함성소리를 듣고 있습니다. '왓샤! 왓샤! 왓샤!' 하늘을 날아오르는 통일독립전취!

일제강점기 때 설립된 제주북초등학교 교가는 '백두산'으로 시작됩니다. 해방 이후, 또는 분단 이후 설립된 여타 제주도 교가들은 대부분 '한라산'으로 시작하거나 '한라산'만 들어 있는 것과는 사뭇 대조됩니다. 그만큼 당시 사람들의 우리나라라는 땅, 그 공간 감각은 지금의 우리와는 다른 개념이었습니다.

♬ **제주북초등학교 교가 (장지영 작사, 이승화 작곡)**

1. 백두산 뻗은 줄기 앞으로 흘러 남해의 우뚝 솟은 영주의 영봉
정기를 담쑥 받아 태어난 우리 배달의 핏줄 이어 예서 자라네
(후) 우리는 이 나라의 기둥과 들보 앞날의 빛나는 새집 지려네
우리를 길러내고 다듬어 내는 고마운 어미 학교 우리 제북교
2. 대지를 에둘러싼 넓은 태평양 우리의 너그러운 회포의 상징

창공을 치다미는 높은 한라산 우리의 드높다란 기개의 표현
3. 동천에 떠오르는 문명의 사랑 여기서 빛이 되어 떨쳐나가네
어둡던 이 세계는 빛의 줄기다 우리의 큰 사명도 이에 이르네

일장기를 내려 그 위에 숯으로 빨간 원을 청색과 홍색 태극으로 나누고, 팔궤를 급하게 그려 넣은 태극기를 흔들며 해방 기쁨을 나눈 그날 제주사람들. 그러나 그 청색과 홍색으로 나누며 그리던 새로운 나라는 미국과 소련이라는 또 다른 제국들에 의한 불안한 독립, 또 다른 점령이 되고, 남과 북으로 분단되었습니다. 그리고 그런 역사의 흐름에 수많은 죽음이 있습니다. 일제강점기를 극복하려는 우리의 독립운동정신을 이은 제주도민들의 '통일독립전취'라는 꿈은 죽음으로 기억되어 우리에게 전해지고 있습니다.

오후 2시, 이제 대회가 끝나 집으로 가는 군중들 속에 순례자들도 끼어 관덕정으로 걷습니다. 3·1발포사건 현장. 망루도, 미군정 완장을 찬 경찰관들이 불평등한 재판과 고문을 일삼던 경찰서 터도, 법원 터도 조선시대 목관아지를 복원하는 사업으로 사라져 없지만, 순례자들은 최대한 역사로 다가가려 합니다. 1947년 3월 10일, 일부 경찰까지 가세한 제주도 민관 모두가 총파업을 시작하던 그 관덕정 광장의 함성과 고요처럼 순례자들도 정자에서 쉽니다. 순례자 중 누군가가 노래를 부릅니다.

관덕정은 기억하고 있습니다. 최후를 한라산 기슭에서 맞이하고 그 몸을 그가 사랑한 제주도민들 앞에 전시되어 진 무장대 사령관 이덕구를, 그 이전의 역사, 장두의 역사 이재수, 강우백, 오대현을. 방성칠, 강제검을. 그들과 단 한 번의 뜨거운 이별을 나누던 제주민중들의 노래를. 관덕정 앞에 지

비 내리는 관덕정 광장.

어진 호텔은 결코 알 수 없는 광장의 역사를.

 이런 저런 생각들을 나누며 관덕정을 일어섰습니다. 미국깃발 성조기가 걸렸던 지방법원 터를 지나면 얼마 전까지만 해도 근대유산 건물로 지정되기를 바라던 제주도청 건물이 있었습니다. 지금은 헐려 주차장으로 사용되고 있습니다. 옛 제주성담이 있었던 묵은성 골목길을 걷습니다. 지금은 사람들 기억에도 없을지 모를 골목이지만 그 길은 그곳에서 늘 우리를 기다리고 있습니다.

일제강점기 그들은 산지항 확장 공사에 당시 제주성 돌들을 허물어 사용했습니다. 그 성담이 떠난 자리가 지금 걷는 길이 되었을 거란 생각을 하며 걷다 보니 큰 건물이 떡하니 길가에 있습니다. 옛 조일구락부 건물입니다. 당시 대부분의 행사들이 진행되었던 곳으로 서북청년단도 이곳에서 발족식을 하였습니다.

관덕정 앞 발포사건에 부상당한 사람들이 치료받던 도립병원 터에는 녹나무가 푸름을 더해 갑니다. 나무 아래 잠시 앉아 생각에 잠깁니다. 역사를 기억한다는 것, 이미 지나간 역사를 이미 엎질러진 물이라고 말하는 이들도 있지만, 역사란 단절이 아니라 열차 톱니바퀴처럼 맞물려 흘러가는 것이란 것을 순례자들은 알기에 오늘도 비를 맞으며 걷고 있습니다. 부정한, 정의롭지 않은 역사를 되풀이되지 않기 위해 잊지 않고 기억해야 한다는 것이란 걸 알지만, 역사는 또다시 되풀이될 수 있다는 게 오늘이란 것도 곱씹어봅니다.

남수각 아래 개발바람으로 막혀 더 이상 솟아나지 않는 가락쿳물 터를 들립니다. 물은커녕 아무 흔적도 없지만 한때 우리네 삶과 함께하던 생명수가 나오던 곳입니다. 멀리 오현단 성터 옆 절벽 위 나무는 여전히 잘 자라고 있듯 산지천은 제주4·3을 품고 있는 자연입니다. 동문시장 위 오현단 절벽 아래는 예전부터 골이 깊습니다.

1949년 6월에 한라산 유격대 2대 사령관 이덕구 시체가 유기된 곳이 산지천 어디쯤입니다. 조카 강실 선생에 의하면 관덕정 앞에 전시되었던 시체가 리어카에 의해 이곳으로 옮겨진 후 그날 큰비에 쓸려 내려 산지천 따라 제주항 앞바다로 떠내려갔다 합니다.

산지천을 거슬러 가면 박성내라 부르는 곳을 만납니다. 1948년 12월 21

산지천에 내린 순례자들. 가운데 부채 든 사람이 이덕구 조카 강실 선생이다.

일 조천면 중산간일대에서 9연대 토벌대에게 잡힌 조천면 중산간 일대 청년들이 함덕해수욕장 근처 당시 초등학교에 주둔하던 함덕대대본부에 감금되었다가 끌려와 학살당한 곳입니다.

산지천을 복개하여 만든 동문수산물시장이 풍기는 생선비린내가 사라질 즈음 동문로터리 한가운데 서 있는 해병혼탑을 마주하게 됩니다. 그 탑을 보면 곧바로 연상되는 것이 대정읍 모슬봉 앞에 있는 '평화의 터'입니

동문로터리에 있는 해병혼탑.

다. 2007년 3월 대정역사문화연구회에서 육·해·공 3군상징표상탑에 3군의 창설과정을 적은 안내문과 함께 조성하였습니다. 그중 해병대와 관련한 이야기는 여기 산지천 해병혼탑과 함께 제주도의 비극을 내포하고 있습니다.

해병대. 1949년 경상남도 진해에서 2개 대대 1,000여 명으로 창설. 그해 12월 28일 제주도로 이동, 제주읍과 모슬포에 배치되면서 4·3사건의 마무리를 담당한다. 도민 계몽활동, 군의관의 순회 진료 등 원조활동을 하며, 대토벌로 인한 군에 대한 이미지를 바꾸기 위해 나름 도민을 대하는 규칙을 정하여 활동하며 신뢰심을 높여 간다. 이런 와중에 많은 제주도 청년들이 해병대에 입대하기도 하였다. 그렇지만 군대라는 특수성은 학살의 당사자가 될 운명인가.

1950년 7월 15일, 제주청년들로 구성된 해병대 3개 중대가 우선 한국전쟁 참전을 위하여 제주항을 떠나 군산으로 이동하고, 이튿날 7월 16일 모슬포경찰서 관내 예비검속 관련 구금자 347명 중 60명이 해병대로 인계되어 집단학살 되었다. 그리고 8월 20일(음력 7월 7일) 새벽 2시와 5시에 두 번에 걸쳐 송악산 섯알오름 대학살이 있었는데, 그 당사자가 바로 모슬포 주둔 해병 제3대대(대대장 김윤근 소령)다. 대정읍 모슬봉 앞에 세워진 '평화의 터' 탑에는 이런 내용은 없다.

해병대는 1950년 9월, 제주를 완전히 떠나지만, 제주에서 모병된 신병 3,000여 명은 또다른 죽임-한국전쟁 현장에서 선봉 역할을 한다. 이것이 여성들도 포함되어 있다는 해병 3·4기다. 해병혼탑은 이 3·4기 장병들이 주가 되어 건립한 것이다. 당시 군의관으로 해병들을 치료한 장시영 씨가 해군 대위로 예편한 후 건립추진위원장을 맡아 당시 돈 50여 만 환을 기탁한 게 밑돈이었다.

> 여기 耽羅의 푸른 넋이 엉켜 塔이 되다. 갈리운 땅덩이 위에 統一의 횃불을 높이 든 海兵魂은 솟았나니 平和를 念願하는 像 앞에 겨레여! 옷깃을 여미이시라.

스스로를 평화라고 칭하는 것은 군대문화의 공통인 듯합니다. 하긴 전 세

주정공장 터. 언덕 위 아파트단지가 당시 제주도민들이 구금되었던 창고자리다.

계적으로 평화를 가장 많이 말하는 나라가 전쟁을 가장 많이 하는 미국이니까요. 남을 침략할 만한 힘을 갖지 않거나 전쟁을 하지 않은 사람들은 평화라는 글자 자체를 모른다 합니다. 그만큼 평화는 전쟁을 자주 하는 강대국에서 나온 말이겠지요. 평화라는 말을 쓰면 자위가 되고 스스로 용서가 되는지도 모를 일입니다.

　주정공장 터를 찾았습니다. 1949년 봄부터 수많은 제주도민들을 강제 감금, 취조, 고문 후 형식적인 재판이나 군법회의을 하던 곳. 이곳을 떠난 제주도민들은 정뜨르비행장(지금의 제주국제공항)에서 학살되거나 산지항을 떠나 수장학살, 그도 아니면 육지부 전국 각지에 있던 형무소로 이송되어 돌아오지 못하였습니다. 4·3평화공원 행방불명인 묘역에 있는 희생자들 대부분이 이 주정공장에 사연을 둔 분들입니다.

산지항을 통해 섬을 쫓겨나 돌아오지 못하는 사람들. 진혼제가 평화공원 행불인묘역으로 옮겨 봉행하게 되면서 이곳 주정공장 터도 외로워졌습니다. 주정공장 터를 끼고 멀리 제주 앞바다를 바라볼 수 있는 동대마을로 가는 계단을 오릅니다. 섬을 떠난 사람들, 어쩌면 이어도에 살지도 모를 사람들을 그리면서 다음 순례를 기약하기 위함입니다. 이어도 연유. 동대마을에서 바다를 봅니다. 섬을 노래합니다.

비 오는 순례길, 순례자들이 찾은 곳은 1948년 3월 6일 조천지서에서 고문치사 당한 김용철(당시 21세, 조천중학원생)묘 를 찾았습니다. 가지고 간 각자의 음식들로 진설하고, 비문을 읽으며 이야기를 나누고, 술을 뿌린 후, 노래를 부르는데 비가 쏟아지기 시작합니다.

음복을 하고 마지막 순례지를 향합니다.

아직도 제대로 된 집(무덤) 하나 없는 영혼들을 만나러 별도봉 4·3희생자 유해발굴현장을 찾았습니다. 그곳에서 조용히 막걸리 한잔 기울입니다. 뼈마디 육신으로 누운 채 살짝 노출된 넋들과 함께 순례를 마무리합니다.

4·3역사를 알려낸다는 것은 그것에 역사적 정의가 있어서입니다. 역사에서 동정은 그 가치를 깎아내리는 일입니다. 억울하게 죽었다며 동정을 구해서도 안 될 일이고, 아무런 이유 없이 죽었다며 평가하는 것 또한 조심해야 할 것입니다. 억울한 사연을 호소할 곳이 없던 시절도 있었으나, 사연이 억울

한 것이지, 희생자들의 죽음에는 분명 아무런 이유 없지 않습니다. 다만 우리가 그것을 감히 가늠하지 못하고 찾아 헤아리지 못하고 있을 뿐입니다.

4·3후손의 노래

(2006)

최상돈 글, 곡

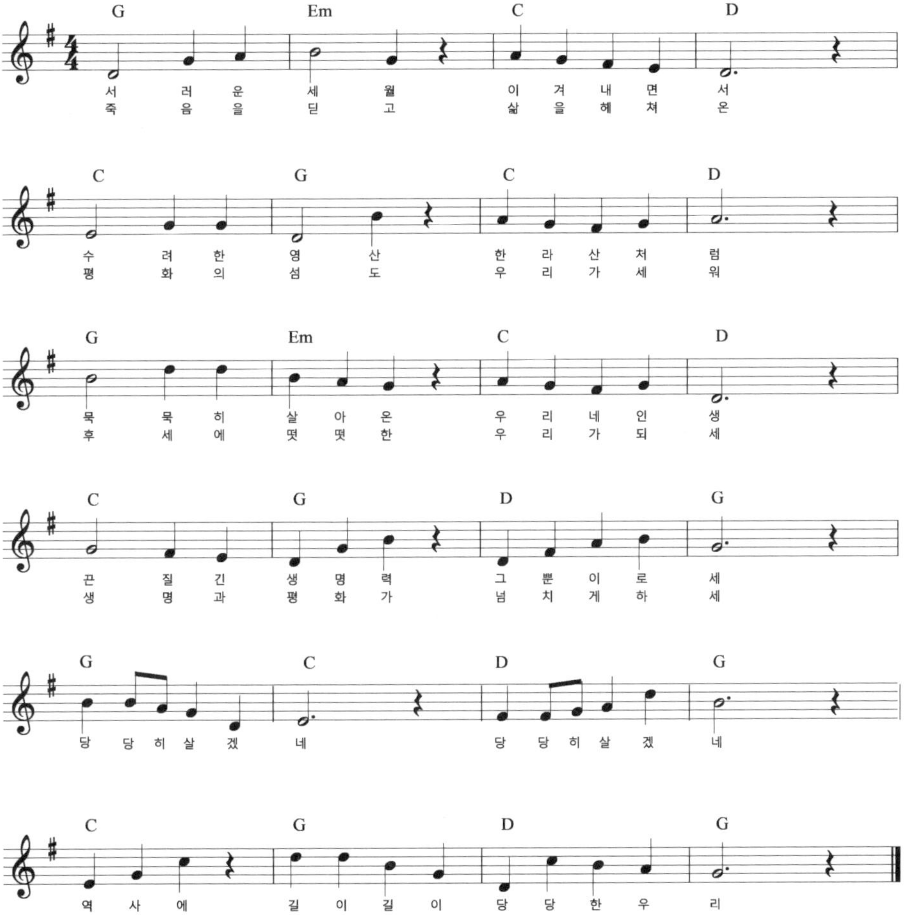
G Em C D
서 러 운 세 월 이 겨 내 면 서
죽 음 을 딛 고 삶 을 헤 쳐 온
C G C D
수 려 한 영 산 한 라 산 처 럼
평 화 의 섬 도 우 리 가 세 워
G Em C D
묵 묵 히 살 아 온 우 리 네 인 생
후 세 에 떳 떳 한 우 리 가 되 세
C G D G
끈 질 긴 생 명 력 그 뿐 이 로 세
생 명 과 평 화 가 넘 치 게 하 세
G C D G
당 당 히 살 겠 네 당 당 히 살 겠 네
C G D G
역 사 에 길 이 길 이 당 당 한 우 리

死삶抗爭大動의 길

가늠 못할 꿈의 크기

1945년 8월, 일제강점기에서 벗어나게 되자 제주도는 특유의 공동체성으로 마을마다 학교를 세우고, 자치권을 회복하기 위한 노력들을 스스로 한다. 그런 노력들은 1946년 3월 1일, 3·1만세운동 기념집회를 열게 하는 배경이 되었고, 이듬해 1947년에도 28주년 3·1절 기념대회에 전도적으로 수만에 육박하는 사람들이 모이는 힘이 되었다. 당시 좌우합작단체인 '민주주의민족전

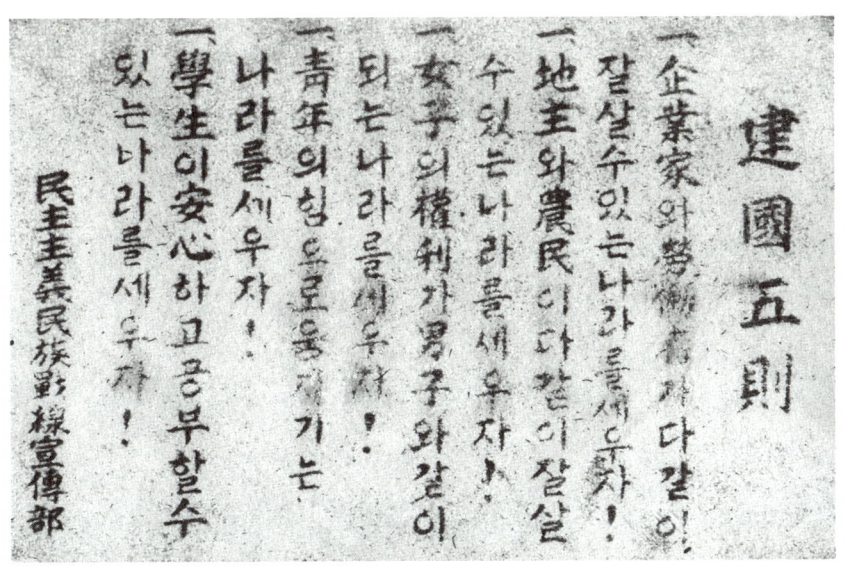

당시 민주주의민족전선이 내세운 '건국5칙'을 인쇄한 선전물.

선'이 내세운 '건국5칙'을 보면 당시 그들이 꾸던 꿈의 가치를 알 수 있다.

　미군정 당국은 조선민중을 다스릴 방법으로 일제강점기 체계를 그대로 재활용한다. 일제 경찰들은 다시 예전 권력을 휘두르게 되고, 자치권 회복을 힘쓰던 제주민중과도 충돌이 잦아졌다. 3·1대회 이후 육지부로부터 내려온 서북청년단에 의한 탄압이 더해지면서 마을마다 학교 수업이 이루어지지 못하고 젊은이들은 한라산으로 입산하게 된다.

　열강들에 의한 분단위기가 구체화되어 가자 조선민중은 1948년 2월 7일, 전국적으로 남한 단독선거에 반대하는 총파업, 소위 '2·7구국투쟁'을 전개한다. 39명이 사망했으며 8,479명이 검거되었고, 제주도에서는 290명이 체포된다. 그런데도 UN은 "UN한국위원단이 접근할 수 있는 지역에서 단독선거를 실시하자"라는 미국안을 채택한다.

　그런 와중에 제주에서 경찰에 연행된 청년 3명이 숨지는 사건이 연이어 발생한다. 3월 6일 조천지서에서는 김용철(金用哲, 21세) 조천중학원생이, 3월 14일 모슬포지서에서는 영락리 양은하(梁銀河, 27세)가 고문으로 숨지고, 3월 말에는 금릉리 박행구(朴行九, 22세)가 서청경찰대에게 곤봉과 돌로 찍힌 후, 총살로 희생된다.

　결국 남로당 전남도당 제주도상임위에서는 3차례에 걸친 회의에서 합의를 이끌어내지 못하자 투표를 선택, 최종 12대 7로 무장투쟁이 결정된다. 그리고 1948년 4월 3일 새벽 2시, 350여 명의 유격대가 제주도내 12개 경찰지서를 습격하여 무기를 탈취하고 우익단체 요인의 집을 습격한다. 그 결과 경찰 4명, 민간인 8명, 유격대 2명이 사망한다.

　미군정당국은 육지부로부터 응원경찰을 급파, 그 수를 점점 늘리고, 제주감찰청 안에 제주비상경비사령부를 설치하여 유격대에 대한 소탕전을 전개한다. 미군함정을 동원하여 해안을 봉쇄, 제주해상교통을 통제한다. 그리고 4월 14일, 최종 선거등록 결과 제주도는 127,752명 중 82,812명이 등록해 64.9%(전국 평균 91.7%)로 전국 최하위를 기록한다.

미군정 당국은 제9연대에게 경찰과 함께 진압 작전에 투입을 명하고, 딘 군정장관은 맨스필드 중령에게 유격대 지도자와 교섭할 것을 지시한다. 이에 김익렬 9연대장이 유격대에게 평화협상을 요청하는 전단을 비행기로 살포, 유격대 총책 김달삼을 만나 협상을 진행, 72시간 내 전투 중지 등에 합의한다.

그러나 미군정당국은 이와는 별개로 정찰대를 동원한 수색작전을 전개하는 등 자신들만의 계획도 진행한다. 무성영화 '제주도의 메이데이'는 그 결과물이다. 그리고 4월 29일, 딘 군정장관이 극비리에 제주도를 방문하면서 상황도 바뀌게 된다. 당시 제주비상경비사령관은 "오후 8시 이후 전도의 통행을 금지하고 위반자는 사살해 버리는 강경한 작전을 전개하고 있다"고 보고한다.

유격대는 선거 전인 5월 1일과 5월 5일 각각 제주읍 도평리 선거관리위원장, 화북리 선거관리위원장과 내도리 구장 등을 살해한다. 선거가 끝난 뒤에도 중문면 상예리 2구를 습격하여 대청단장 부부와 국민회 상예리 책임자를 납치 후 살해하였고, 제주읍 도두리 선거관리위원장, 대동청년단장, 그리고 그들의 가족들을 잇따라 납치해 살해하였다.

5월 1일 오라리 방화조작사건 발생. 평화협상 파기.
5월 3일 미군정, 경비대사령부에게 "총공격, 단시일 내 사건 해결" 명령.
5월 5일 제주읍 미군청청 회의실에서 '최고수뇌회의' 개최. 딘 군정장관, 안재홍 민정장관, 조병옥 경무부장, 송호성 경비대사령관, 맨스필드 중령, 유해진

도지사, 김익렬 9연대장, 최천 제주경찰감찰청장 등 참석.
5월 6일 미군정, 김익렬 9연대장 해임, 신임 9연대장에 박진경 중령 임명.
5월 10일 남한 단독선거 실시. 제주도 62.8%로 가장 낮은 투표율 기록.
북제주군 갑·을 2개 선거구, 과반수 미달로 선거 무효 처리됨.

제주민중은 스스로 존재하려 하였고, 분단 선거 반대를 위해 한라산자락백성들이 되어 통일독립 전취(全就)에 대한 열망을 표출했다. 미군정은 '사건의 원인에는 흥미가 없다. 오직 진압뿐!'이었다. 결국 이승만 정부를 내세워 초토화라는 강수로 대량학살을 자행하였으며, 대한민국 역사에도 씻을 수 없는 오점을 남겼다. 대한민국 역사도 반쪽으로 나눠지게 되었다.

순례, 평화에 대하여

그날을 살아보지도 않고 역사를 함부로 단정하여 말할 수는 없습니다. 그러나 최대한 역사와 가깝게 가기 위한 발걸음, 언제나처럼 10시에 제주시 신산공원에 있는 4·3해원방사탑으로 순례자들이 모여듭니다.
'오라리 방화사건' 현장인 제주시 오라동 연미마을을 찾아갑니다. 그리고 마을을 이웃한 민오름을 올라 그날의 바람을 맞아 보는 길입니다.
'박기찬' 할아버지 댁을 방문해서 당시 미군정이 촬영한 무성영화-제주도 메이데이를 같이 봅니다. 할아버지 앞에서 노래 '당신-올레'를 불러 드리고, 그리고 잠시 이야기를 듣습니다.

"알동네 중대골로부터 청년들이 와와 돌려들더니 서착 마을입구부터 불을 붙이기 시작하더니만 이 앞을 지나가멍도 집집마다 불을 붙이고 헤영 중대골로 누려가대."

♬ 방구 뀐 놈이 큰소리친다
불을 질러라 온 마을을 불태워 빨갛게 빨갛게 빨갱이로 만들어
하늘에 헬리콥터 우릴 보고 웃는다 미국의 나리님도 원더풀 원더풀
4·28 평화회담 웃기는 소리지 오늘은 제주도의 메이데이
누가누가 했나 요렇게 폭도들이 했지
누가누가 했나 요렇게 폭도들이 했지
아~ 방구 뀐 놈이 큰소리친다.
아~ 방구 뀐 놈이 큰소리친다.

그래 방구는 미군정, 지가 뀌어 놓고선. 그런 놈들이 아직도 국제경찰 타령하고, 그 똘마니들이 아직도 많은 우리나라 대한민국. 순례자들 마음이 많이 상해져 있습니다. 길을 걷고 있습니다. 4·3역사로 없어진 '어우눌'마을 터를 향하다가 초가집 앞에 머문 순례자들. 그 초가로 향하는 올레가 정말 예쁩니다. 그곳에서 만들어진 '당신-올레'입니다.

♬ 당신-올레
아직도 남아 있는 좁은 올레질로 당신은 아직도 오지 않고
자본을 실어 나르는 4·6 차선만이 당신의 올레를 잘라 먹는다

오라리방화사건이 일어났던 연미마을 옛초가 앞에서.

옛 마을길을 지나가려니 '연북로'가 가로 막습니다. 민오름을 이 길로 올랐을 연미마을 사람들에게는 새로 뚫린 연북로는 삼팔선 같은 육차선입니다. 분단된 우리나라가 연상됩니다. 남북이 막힌 것처럼 원래 마을길이었던 남북은 자꾸 잘리기만 하고, 동서로 연결되는 물류를 실어 나르는 도로들은 늘어갑니다. 남북이 뚫려야 마을이 살고 민족이 사는데 말입니다.

♪ 평화에 대하여 (김경훈 詩, 최상돈 곡)

그날 평화가 있었다고 한다 평화를 위한 협상이 있었다고 한다 무장대와 토벌대간의 협상이 있었다고 한다 더 정확히 말한다면 사태해결을 위한 협상의 제스처가 있었다고 한다 그러니까 평화냐 전쟁이냐 둘 중에 하나를 선택해야 하는 적어도 겉으로는 그렇게 보이는 협상의 자리가 있었다고 한다 하지만 평화는 파괴로 가는 길목의 어느 작은 정거장 정도였다고 한다 그냥 지나쳐버려도 무방한 무임승차가 배제된 그런 작은 역이었다고 한다 그러니까 평화란 미국에게는 어떤 미세한 위협도 차단된 상태를 말한다고 한다 그러니까 평화란 그런 텅 빈 상태를 만들기 위해 무력으로 완벽하게 제압하는 것을 말한다고 한다 그러니까 그 제압이라는 것은 모든 수단과 방법을 가리지 않고 그 모든 생명 있는 것들을 완벽하게 말살하는 것을 말한다고 한다 그러니까 다시 말하자면 식민지 조선의 작은 귀퉁이 제주섬에서의 1948년의 평화란 아예 멸종 상태의 정적과 침묵 그리하여 그 존재 자체가 아주 무의미할 정도의 그런 상태를 말한다고 한다 그렇게 그 후로도 오랫동안 그런 상태를 유지하는 것이 평화라고 한다 이것이 그러니까 소위 말하는 4·28평화협상의 실체라는 것이라고 한다.

♫ 어승생

당신을 바라만 보았소 멀리서 바라만 보았지요
바라만 보아도 좋았지요 당신은 늘 거기 있었으니
개오리오름을 올랐을 땐 지는 해 가슴에 품은 당신
새별오름을 올랐을 땐 어머니 품에 안긴 당신
도들머리에서 바라 본 당신의 모습은
따뜻한 이야기를 형제들과 나누고 있었소

연북로를 넘어서지 못하고 애돌아 민오름을 올라 멀리 오름의 왕, 어승생을 바라보니 지난 노형마을에서 바라보던 그림이 연결됩니다. 노형동은 4·3 역사에서 자연마을 대부분이 소개령으로 불태워지면서 마을터만 남았습니다. 소설 '순이삼촌'의 작가 현기영선생의 고향인 '함박이굴'을 비롯하여, 방일이, 드르구릉, 개아진이, 바게밧 등에는 마을사람들이 돌아오지 않습니다. 월산지경인 물욱이, 꽹이술, 벳밧 등에도 대나무 숲만이 빈 집터임을 말해줍니다. 방일이동산에서 바라본 한라산. 그때 떠올린 기억.

기억을 찾아, 순이삼촌을 찾아

정방폭포, 산지항, 무등이왓, 강정마을, 다랑쉬, 북촌, 목시물굴, 곤을동, 표선백사장, 의귀수망한남, 빌레못굴, 성산일출봉, 정뜨르비행장… 고향마을 올레마다 영갯기를 세우고 그림으로 글로 몸으로 사진과 영상으로 풍물을 울리고 목 놓아 노래하였습니다.

이렇게 누워 기다리고 계셨군요. 뼈는 흙이 되고 살은 꽃으로 피어, 놀란 가슴 토끼눈은 한라산오름 엉장에 아직 숨은 채. 그래서 4·3은 아직 '미여지뱅디'인가 봅니다. 이승과 저승 사이 끝을 알 수 없는 공간. 그 미여지뱅뒤에서 아직 입고 있는 이승의 옷을 벗지 못하고 계실, 이승의 미련은 벗었으나 아직 가시덤불에 영혼이 시달리고 계실, 그렇게 서천꽃밭을 가지 못한 채, 나비가 되지 못한 채, 하늘을 오르지 못한 채, 미여지뱅뒤를 살고 있는 제주4·3영혼-순이삼촌들.

그 삼촌들을 찾아, 언젠가 날아오를 날 그날을 기다리며 우리 순례자들은 다시 걸어가겠습니다. 멀리 한라산에도, 어승생오름자락에도 꽃이 피고 눈이 내리고 단풍 들고 비가 내립니다. 그 눈물 흘러 무수천을 따라, 도근천을 따라, 어시천을 따라 외도 앞바다에서 제주 바당을 만납니다.

오른쪽 위 1948년 5월 12일 5·10 단독선거 반대를 위해 마을 사람들이 통째로 산에 올랐다. 내려오는 모습을 미군촬영반이 촬영했다. 이 장소는 해안동 속칭 '너븐밭' 지경.
오른쪽 아래 다시 찾은 역사적 장소. 순례단이 4·3당시 주민들이 하산하던 장소를 찾았는데, 당시 벌판은 이미 밭으로 개간되어 그 당시의 경관은 상상할 수 없다. 사진 우측 상단부의 언덕을 보고 미루어 볼 수밖에 없다.

순례, 5월 대동의 길

　1948년 5월, 헤어짐을 거부하고 온전한 나라를 만들고자 선택한 제주사람들의 의로운 걸음. 마을마다 한라산을 향하던 걸음들. 제주섬 하천은 한라산을 향합니다. 제주섬 마을의 길도 한라산을 향합니다. 마소를 놓아야 하고, 밭을 가야 합니다. 그런 한라산에서 내리는 물줄기를 기준 삼아 걷다 보면 만나는 그날의 기억들. 그 기억 속 현장을 찾아갑니다.
　어느 날 만난 사진. 5·10단선반대를 위해 산으로 갔다 귀향하는 제주도민들이라는 설명이 달린 사진. 어디일까? 이 행렬의 현장. 미군정당국이 촬영한 희미한 사진에 있는 산세를 기준으로 찾아 다녔습니다. 그리고 사진 가운데 솟은 오름은 어승생이었습니다. 같은 현장 우측 10미터 정도에서 찍은 사진. 마소를 끌고 있는 모습이 처음 사진 행렬과는 다릅니다.
　1948년 5월, '한라산자락백성들'은 물길을 따라 흩어지고 모이면서 대동(大動)하였습니다. 우리나라의 하나됨을 위하여. 화북, 삼양 사람들이 화북천과 삼수천을 따라 한라산을 가던 것과 닮았습니다. 흙붉은오름기슭으로 모인 물길이 아라동 박성내를 이웃한 막은내를 지나면서 화북천을 이루고 별도봉을 눈 앞에 두고 부록천을 만나 곤을동 마을로 굽이쳐 갑니다. 다른 듯 닮은 한라산 물길, 다른 듯 닮은 한라산자락백성들의 대동입니다.
　해발 0-zero고지에서 시작해서 약 200고지 이상을 향해 가는 이 길은 이음과 만남, 그리고 하나에 대한 이야기가 있는 길입니다. 외도 앞바다에서 만나는 두 물줄기 도근천과 무수천 사이로 어시천이 흐릅니다. 양쪽 물줄기를 이어 바다로 가는 어시천처럼, 어시천과 함께 역사를 쓰고 있는 도평마을과 해안마을은 이제 많은 사람들이 모여들면서 학교 또한 폐교 위기에서

분교로, 그리고 비로소 도평초등학교, 해안초등학교로 승격되었습니다. 어시천을 따라 걷는 당신은 '5·10 대동(大動), 한라산자락백성들'입니다.

그 마중 길에 '사라마을'을 만납니다. 신기하게도 사라마을은 무수천 물길로 제주시 노형동과 제주시 애월읍, 즉 동사라와 서사라로 나뉩니다. 그러나 전략촌으로 묶인 구억리와는 달리 정겨워 보입니다. 동서사라 마을을 무수천 위로 다리 하나가 이어줍니다. JSA-돌아오지 않는 다리는 그 역할을 못하고 있습니다. 궁산마을로 갔던 강정마을은 해군기지가 갈라놓고, 들렁귀 지나 열안지오름 자락에 머물던 오라동은 개발 자본에 흔들리는 제주.

저 물줄기 따라 걷다 보면 순례길 끝자락에 만나는 삶과 죽음이 공존하는 해안공동묘지를 만나게 됩니다. 그곳에서 바라보는 한라산자락과 제주북부바다를 보며 떠올려 봅니다. 그리고 늘 명언처럼 떠오르는 제주섬 사람들이 입에서 입으로 전하는 말.

'저 바당이 느네 어멍이여, 저 한라산이 느네 아방이여!'

고맙습니다. 제주의 자존! 그날의 대동(大動)이 있어 순례길은 위로입니다.
4·3이 제주만의 일이라면 알리지도 않겠지만, 알려내야 함에는 역사적 정의가 있기 때문입니다. 그러니, 제주4·3을 사람이 많이 죽은 일이라며 불쌍히 여기는 것에 머물지 말아야 합니다. 항일독립운동 과정에서도 수많은 민중들은 피를 흘려야 했습니다. 그러나 우리는 그들을 잘 기억하지 못합니다. 그렇다고 불쌍히 여기지도 않습니다.
이제 5월 1일입니다. 69년 전 제주섬 사람들은 선거를 거부하기 위해 한라산을 갔습니다. 길게는 2주간을 살다 내려옵니다. 그 집단 행위로 인해 수많은 희생이 생겼다 말하는 이들도 있습니다. 과연 대한민국을 부정한 사람들은 누굽니까? 그 당시 분단 선거를 막는 일이야말로 대한민국이 스스로 설 힘을 갖춘 완전통일독립국가를 세우기 위한 행동이었습니다.

제주섬 사람들은 올바른 온전한 대한민국을 세우려고 노력했습니다. 제주4·3은 정의로운 역사인 것입니다. 69년 전 제주사람들이 꾸었던 꿈의 가치를 가늠해 보면서 2017년 5월 9일을 바라봅니다. 새로운, 올바른 대한민국을 위해서, 온전한 나라를 위해서 또다시 시작하는 희망이 생겼으면 합니다.

2017년 5월 10일입니다. 촛불혁명으로 새로운 대통령을 선출하였습니다. 오늘 대한민국 새로운 대통령이 국민에게 인사했습니다. 1948년 5월 10일. 나라 없던 시절. 69년 전 오늘 이 시간, 제주섬 사람들은 무슨 생각을 하고 있었을까? 진정 대한민국을 만들려던 섬사람들의 꿈-이는 지금을 사는 우리들은 가늠되지 않는 꿈.

69년 전 반쪽 선거를 통해 대한민국을 부정한 사람들이 2017년 오늘도 여전히 친일과 친미를 말하고 있습니다. 탐라미술인협회가 한라산자락백성들에게 지어 드린 밥상에는 겨울에는 눈밥, 가을에는 낙엽밥, 여름에는 바람밥, 봄에는 꽃밥이 올려집니다. 슬슬 제주4·3에도 누명이 벗겨지고, 정의로운 역사로 자리매김 하여야 할 만하지 않은가! 역사에 묻습니다.

1901년, 신축년 바람까마귀들에게 외치던 장두 '이재수'의 외침이 순례길에서 겹칩니다. 그리고 이 순례길에서 1948년 당시 백범 김구 선생이 삼천만 동포에게 읍고한 글을 읽고 있습니다. 우리가 일제강점을 벗을 수 있었던 힘은 독립운동에 있습니다. 그리고 더욱 잊지 말아야 할 것은 그 독립운동의 흰 그늘에 있는 수많은 조선민중의 희생입니다. 독립군이 지나간 마을을 일본제국은 무조건 초토화 시켰기 때문입니다. 그렇다고 우리는 이 죽음의 원인을 독립운동에 두지 않으며, 독립군을 원인 제공자라 규정하지는 더욱 않습니다.

  4·3역사에도 수많은 제주민중들이 희생되었습니다. 그러나 '외로운 대지의 깃발' 4월 3일 봉기는 그 죽음의 원인이라 치부되고, 악용되어 이념의 굴레가 되어 왔습니다. 가해자는 분명 다른 곳-미군정과 대한민국 토벌대에게 있는데, 항쟁 또한 1948년 4월 3일에만 국한되어 얘기하니 명예회복이 한계입니다. 정의로워야 할 죽음에 드리워진 이념의 굴레. 명예회복은 그 죽음이 불쌍하고 억울한 것이 아니라, 의로움이어야 가능합니다.

  4·3항쟁이 외친 '통일독립 전취하자!'는 그들이 꿈꾸었던 꿈의 가치는 당연한 역사입니다. 무수천, 도근천, 화북천, 삼수천, 산지천, 병문천, 한천, 어음천, 금성천, 창고천, 중문천, 강정천, 효돈천, 신례천, 서중천, 천미천……
따라 大動하던 한라산자락 사람들의 꿈은 '하나'.

김구 읍고문을 읽고 나서

  글 하나하나가 한 땀 한 땀 바느질하듯 정성이 느껴진다. 백범 김구의 정체성이 당시 제주민중들이 꾸던 꿈으로 이어지니 가슴이 먹먹해지며 눈물 한 점 흐를 듯하다. 당시 언론들 중 유일하게 〈서울신문〉만이 2월 11일부터 3회에 걸쳐 전문을 실었고, 나머지 〈조선일보〉와 〈경향신문〉 등은 발췌문만 2월 11일자에 실었고 〈동아일보〉는 싣지 않았다 한다.

  백범 김구는 1948년을 대한민국 30년이라 했다. 그리고 4·3항쟁은 그런 독립운동과 역사가 맞닿아 있다. '통일독립 전취하자!'고 외쳤던 제주민중은 대한민국에 죽임을 당했다. 혹자의 논리처럼 대한민국을 부정한 죄값이라 한다. 과연 대한민국을 부정한 세력은 누구인가? 친일해야 살고, 분단-대한민국을 건설해야 살고, 친일하듯 친미를 해야 사는 사람들이 오늘 대한민국에는 많다. 그래서 그들은 백범 김구조차 테러리스트라 함부로 지껄이며 스스로에게 면죄부를 주려 하는가 보다.

김구의 읍고를 읽으며 제주 돌담을 생각한다. 어디서 시작되었는지도 모를 시작도 끝도 없이 늘 우리와 함께 하는 제주 돌담. 중국 만리장성이 부럽지 않다고 한 어느 학자가 말하듯 '흑룡만리'다. 그 흑룡만리가 4·3역사에 무너지더니, 경제공동체가 무너지고 있다. 밭농사 뒤로하고 아스팔트 농사뿐이라며 성난 농민들 흙 한 줌 보기 힘든 서울로 모여들던 날, 그 서울에서 흙냄새 제대로 모르는 이 나라 위정자들은 재벌 경제 살리겠다고 핸드폰과 수입농산물을 맞바꿈 한다는 것에 축배를 들고 있는 대한민국이다.

도청 앞 시위하는 농민에게 골프장보다도 농약 많이 사용한다고 하는 사람과, 미선이 효순이 죽여 놓고도 조지자 부시자 계속 외치는 아메리카에게 '그래도 감사해야 한다, 감사해야 한다'며 촛불에 지레 겁먹은 척 좌경용공, 종북타령, 케케묵은 냄새나는 글 쓰는 조중동 언론과, '이 모든 말씀을 예수님 이름으로 기도 드린'다고 성인(聖人)예수의 진실 된 사랑까지 욕되게 하는 사람과 살고 있다, 우리는.

소위 발렌타인데이에 50만 원어치 초콜릿을 무슨 사랑 고백인지 미군부대에게 상납하는 골프장의 땅 경기도에서, 서울로 밀감 보내어 관당 50원 받고 〈관당 50〉이란 시 한 편 완성하면서 눈물 흘리던 김경훈 시인과 함께. 당시 경기도지사는 몰랐을까? 주한미군은 이 땅 대한민국에서 생산한 제품은 먹지도 않는다는 걸. 50만 원 쓰레기통으로 갔다. 경훈 형 소주잔 기울인다. 도청 앞에서는 밀감나무가 불탄다.

미국은 전쟁 일으켜도 평화를 위한 전쟁이라고 하는 해괴한 논리를 펴는 사람들, 북한은 전쟁 일으키면 큰일 난다며 우리나라보다 더 뉴스에 떠들어 대는 일본에게도 아첨하는 위정자들. 미국에게 감사, 감사하는 사람들과 일제강점기에 친일한 사람들이 여전히 큰소리치며 살고 있는 대한민국.

바람이 분다. 바람 많은 섬인데도 오히려 구멍이 숭숭 뚫린 제주돌담. 그 바람을 품는 제주돌담. 바람에게 자신의 가슴을 열어 바람길을 내어 주는 제주돌담. 그래야 흔들려도 버틸 수 있고, 무너져도 다시 쌓을 수 있다. 늘 역사에게 자신들의 가슴을 내어 놓는 민중을 닮은 제주돌담. 역사는 그들, 민중이 만들어 간다.

당신 올레
(2005)

작사 최상돈, 양애선 / 작곡 최상돈

평화에 대하여
(2006)

김경훈 시, 최상돈 곡

辛丑濟州抗爭의 길

신축년 바람까마귀들

사월굿 '헛묘'를 비롯하여 수많은 4·3역사를 다룬 작품들을 생산해 내고 있는 놀이패 한라산이 1901년 신축항쟁을 다룬 작품을 만들기로 하였다. '이실 재 직힐 수-在守'가 그것인데, 순례동행 김경훈 시인이 대본을 쓰고 직접 연출하였다. 1901년 신축년, 제주섬을 휘감아 돌던 바람까마귀들의 노래. 그 위대한 大動의 이야기. 작품 준비를 위해 공연단은 순례자가 되어 그 바람을 마중 가기로 하였다. 그에 대한 기억들-순례는 또 이어진다.

천주교제주교구 황사평 묘역 (天主敎濟州敎區 黃蛇平 墓域)

황사평은 황새왓의 다른 이름. 1901년 5월, 제주섬 휘돌던 바람까마귀들은 황새왓에 잠시 진을 쳐 머뭅니다. 황새왓에는 신축항쟁 당시 희생된 '황사평 순교자 묘역'이 있습니다. 8·90년대 제주지역 민주화운동을 이끌었던 '이야성'의 묘도 이곳에 있습니다.

이야성. 전두환 군부정권 시절인 1980년대 사회과학 전문서점 '사인자(社人自)'를 설립하여 대중 속 사회운동을 위한 소통 공간으로 활용하게 한, 송악산 군사기지 건설 반대투쟁 등 지역운동의 중심에 섰던 청년. 제주도농민회준비위원회 사무국장, 전국농민회총연맹 제주도연맹 상임의장 등을 맡으며 농민운동에 헌신해왔던 참 제주인. 그의 고향은 대정, 장두 이재수와 같은

농민운동가 故 이야성.

고향입니다. 비록 비석에는 그의 본명인 이태형(46. 제주도 대정읍)으로 잠들어 있지만 순례자들에게 그는 영원히 이야성입니다.

지난 2002년 6월, 간암 투병 중 세상을 떠나, 이곳 천주교묘역에서 '농민열사 이야성 동지 농민해방장'이 치러지던 날이 스칩니다. 그가 생전에 즐겨 불렀던 '타는 목마름으로'를 부르던 기억. 추모시를 낭송한 김수열 시인도 떨리는 마음을 누르며 겨우 낭송을 마치더니 결국 행사장 한쪽으로 가서 흐느끼다 결국 울음을 터트리던 모습 등 눈에 선합니다.

황사평 묘역은 1901년 신축제주항쟁을 이끈 세 장두-이재수, 강우백, 오대현이 서울로 압송되면서 마무리되고 나서 프랑스가 피해 보상을 요구하여 생긴 산물이기도 합니다. 그런 역사가 있는 땅인 줄 알면서 스스로 그곳에 묻히길 원한 이야성. 목숨을 내 놓고 싸움에 임한다고 하는 장두의 마지막도 그럴까. 감히 가늠이 되지 않습니다.

당시 우리나라를 침략한 프랑스는 천주교인에 대한 피해 배상금으로 5,160원을 요구하였고, 이 배상금은 3년 뒤인 1904년 6월, 제주 삼읍에서 6,315원(이자 포함)을 거두어 갚아야 했습니다. 이처럼 권력과 권력은 자신

천주교제주교구 황사평 묘역. 신축항쟁 당시 민군의 주둔지였다.

들 방식대로 합의하여 제주섬 백성들에게 책임을 물었고, 민군이 주둔했던 황새왓 땅도 지금의 천주교 묘역이 되었습니다.

황사평 순교자 묘역

1901년 신축교안(辛丑敎案) 당시, 연락을 받은 두 척의 불란서 군함 함장들이 사태 수습을 위하여 제주도에 왔지만 교난은 이미 끝난 상태였고, 많은 천주교인들은 관덕정에서 피살되어 주검으로 변해 있었다. 이에 그들은 제주 목사에게 이들을 매장할 공동 안장지를 제공하여 주도록 요청, 약속을 받았다. 그러나 그 약속은 지켜지지 않았고, 시신들은 제주읍에서 조금 떨어진 별도봉과 화북천 사이 기슭에 버려지듯 묻혔다.

그 후 불란서 공사가 조선 조정에 편지를 보내어 이 문제에 대한 조속한 해결을 요청하였다. 1903년 1월, 제주 목사로 부임한 홍종수와 구마실 신부와의 접촉을 시발점으로 불란서 공사와 조선 조정과의 교섭이 원만히 이루어져, 동년(광무7년) 4월에 황사평을 그 매장지로 양도받게 되었다.

당시 별도봉 밑에 임시로 묻혀있던 피살된 교인들 중 연고가 있는 분묘는 이미 다른 곳으로 이장해 간 상태였으므로 무연고 시신들만 이곳 황사평에 이장하였는데, 그 수는 합장한 묘를 합하여 26기의 분묘에 28구였다.

이곳 황사평은 약 18,000평으로 신축교난시의 순교자들뿐 아니라 성직자와 평신도들의 공동 안장지로 사용하고 있다.

1984년에 황사평교회묘지를 공원묘지로 조성하면서 울타리 석축공사와 성상들을 건립하고 순교자들의 묘를 평장으로 이장했다가 제주교구 선교 100주년을 준비하면서 재차 단장을 하게 되어 1995년에 신아오스딩(재순), 김도마(영만), 양운경 외 28기를 합장하기에 이르렀다.

이곳 제주에 복음의 씨앗을 뿌리기 위하여 목숨을 바쳤던 신앙의 선각자들을 기억하고, 우리 역시 선배들의 순교정신을 받들어 복음 선포에 매진할 것을 다짐하면서 삼가 이 비를 세운다.

1995. 11. 2.
선교100주년기념사업준비위원회

제주대정삼의사비.

제주대정삼의사비(濟州大靜三義士碑)

　현재 추사적거지를 중심으로 한 대정현성지가 있는 지역-보성리, 인성리, 안성리에 걸친 곳을 '대정골'이라 말합니다. 조선시대 행정구역인 대정현(縣), 대정군(郡)의 중심지이며 현 제주도 서남부(서귀포시 대정읍, 안덕면, 대천동, 예래동, 중문동 등)를 관장하던 곳입니다. 그 대정에 '삼의사(三義士)'를 기리는 비석이 있습니다.

濟州大靜三義士碑

여기 세우는 이 비는 종교가 무릇 본연의 역할을 저버리고 권세를 등에 업었을 때 그 폐단이 어떠한가를 보여주는 교훈적 표식이 될 것이다. 1899년 제주에 포교를 시작한 천주교는 당시 국제적 세력이 우세했던 프랑스 신부들에 의해 이루어지면서 그때까지 민간 신앙에 의지해 살아왔던 도민의 정서를 무시한데다 봉세관과 심지어 무뢰배들까지 합세하여 그 폐단이 심하였다.

신당의 신목을 베어내고 제사를 금했으며 심지어 사형(私刑)을 멋대로 하여 성소 경내에서 사람이 죽는 사건까지 일어났다. 이에 대정고을을 중심으로 일어난 도민 세력인 상무회(象武會)는 이 같은 상황을 진정하기 위하여 성내(城內)로 가던 중 지금의 한림읍(翰林邑)인 명월진(明月鎭)에서 주장인 오대현(吳大鉉)이 천주교 측에 체포됨으로써 그 뜻마저 좌절되고 만다. 이에 분기한 이재수(李在守)·강우백(姜遇伯) 등은 2진(二鎭)으로 나누어 성을 돌며 민병을 규합하고 교도들을 붙잡으니 민란으로 치닫게 된 경위가 이러했다. 규합한 민병 수천 명이 제주시 외곽 황사평(黃蛇坪)에 집결하여 수차례 접전 끝에 제주성(濟州城)을 함락하니 1901년 5월 28일의 일이었다. 이미 입은 피해와 억울함으로 분노한 민병들은 관덕정(觀德亭) 마당에서 천주교도 수백 명을 살상하니 무리한 포교가 빚은 큰 비극이었다. 천주교측의 제보로 프랑스 함대가 출동하였으며 조선 조정에서도 찰리위사(察理慰使) 황노연(黃耉淵)이 이끄는 군대가 진입해와 난은 진압되고 세 장두는 붙잡혀 압송되어 재판 과정을 거친 후에 처형되었다. 장두들은 끝까지 의연하게 제주 남아의 기개를 보였으며, 그들의 시신은 서울 청파동 만리재에 묻었다고 전해 오나 거두지 못하였다.

대정은 본시 의기 남아의 고장으로 조선 후기 이곳은 민중봉기의 진원지가 되어 왔는데, 1801년 황사영(黃嗣永)의 백서사건으로 그의 아내 정난주(丁蘭珠)가 유

대정읍성 내 뜨래물 앞 이재수 생가터.

배되어 온 후 딱 100년 만에 일어난 이재수 난은 후세에 암시하는 바가 자못 크다. 1961년 신축년에 향민들이 정성을 모아 제주 대정군 삼의사비(濟州大靜郡三義士碑)를 대정고을 홍살문 거리에 세웠던 것이 도로 확장 등의 사정으로 옮겨 다니며 마모되고 초라하여 이제 여기 대정고을 청년들이 새 단장으로 비를 세워 후세에 기리고자 한다.

서기 1997년 4월 20일
대정고을 연합청년회 건립

제주대정삼의사비는 본래 '濟州大靜郡三義士碑'로 대정고을 세 의사(義士)를 기리기 위하여 60주기가 되던 1961년에 대정읍 유지들과 이재수의 후손들이 대정고을 중심부인 '홍살문거리'에 세웠었습니다. 이후 박정희 정권 시기 '드레물'이 있는 골목길로 옮겨집니다. 마치 '백조일손지지' 비석이 5.16쿠테타로 집권한 박정희 정권에 의해 파손된 것이 스칩니다. '드레물'은 대정골 주민들이 식수로 먹던 물이었는데 이재수의 생가 맞은편에 있습니다. 주민들이 식수로 음용하던 마을물이었던 '드레물' 가에 세워졌던 삼의사비는 지금의 새로운 비석으로 대체되면서 그 밑에 묻혔습니다.

단산(簞山)과 대정향교

　대정고을은 '부름코지'이기도 합니다. 바람이 많아 붙은 이름인데, 마을을 굽어보는 듯 솟은 단산은 어디서 불어와서 어디로 갈 지 모르는 제주바람을 닮았습니다. 신축년 제주항쟁 바람까마귀들의 고향, 단산은 장두마을 대정고을을 닮았으며, '장두 이재수'를 닮았습니다.
　단산은 제주말로 '바굼지오름'입니다. 오름을 오르면 눈앞에 초록과 노랑으로 어우러진 보리밭 벌판이 보입니다. 겨울에 씨를 뿌리고 봄을 지나 여름을 앞두고 수확을 하는 게 보리농사입니다. 1901년 봄, 바람까마귀들은 이 농사도 뒤로하고 항쟁길에 올랐습니다.
　오름 아래 펼쳐진 대정고을을 청년 재수가 달립니다. 그의 몸에는 날개가 달렸는지 그 날램이 예전부터 사람들 입을 통해 내려오는 아기장수를 닮았습니다. 재수가 매일 달리고 달리며 관청 소식을 전하는 대정군은 곡창지대입니다. 일강정, 이도원, 삼벗내 모두가 대정군 관내니, 그 넓은 땅을 농사하려면 농기구 또한 많이 필요했을 것입니다. 그것들을 만들려면 쇠를 녹일

바굼지오름(단산). 양천우 작. 광목천에 연필.

정도의 큰 불이 필요하고, 그 뜨거운 쇳물을 견딜 만한 틀을 만들 흙도 필요했을 것입니다. 단산 능선따라 조용한 바람이 올라옵니다.

  불미대장(대장장이)이 불미업(대장일)을 하기에 앞서 정성스레 제를 올리고 있습니다. 마을 사람들이 함께 소리장단을 하며 일을 합니다. 풀무질하는 사람, 흙을 빚어 농기구 틀을 만드는 사람, 숯을 둑에 넣는 사람 등 불미간(대장간)은 불도 뜨겁고 사람들 가슴도 뜨겁습니다.

  청년 재수가 제주성안을 바삐 다녀온 모양입니다. 허겁지겁 불미간을 들어서면서 인사를 나눕니다. 재수를 좋아하는 을생이가 시원한 물 한 사발을 재수 오라방에게 먼저 건넵니다. 그런 다음 쟁반두리 할망, 느진덕이 아지망, 뻴레기 아지망, 사농바치 삼촌을 거쳐 마지막으로 덕정이 오라방까지. 사농바치(사냥꾼)는 농기구 만들다 남은 쇳물로 총알을 만들 여산입니다. 불미간에서는 이런저런 소식들을 자연스럽게 나누게 됩니다. 대정군 관아에서 통인으로 일하며 군수인 채구석을 수행하는 재수도 보고 들은 이야기를 이곳에서 종종 나눕니다.

일본 어민들의 제주바다 침탈은 여전합니다. 서양종교 천주교가 들어왐수다. 프랑스에서 온 선교사들은 임금이 직접 내린 "如我對(여아대)"라는 패를 가지고 다니는데, 그 뜻이 '짐을 대하듯이 하라'우다. 그러니 신앙심과는 무관하게 거기에 빌붙고자 개종하는 사람들이 늘엄수다. 서울에서 봉세관(捧稅官)이 내려왐수다. 나라에서 직접 파견한 세금징수관인데, 그 권한이 막강하여 이미 없어진 세금도 징수허염수다. 특히, 최형순(崔亨淳)을 비롯한 천주교도를 고용하여 징수를 하니 마을 유지들 불만이 이만저만이 아니우다. 천주교인은 살인을 해도, 남의 부녀를 빼앗거나 윤간해도 관리가 체포를 못 허염수다. 사설감옥을 만들어 사람을 고문하고, 마을 본향당을 파괴하며 신목도 잘라버리고…… 정의교당에서 오신락이란 어른이 죽엇는데 그 시체 검안을 나도 직접 보앗수다. 채구석 군수가 범인을 잡으라 햇주만 천주교의 위세에 눌려 잡지 못허엿수다.

만물 생명이 움트는 봄이 한창인 제주섬. 슬슬 여름 농사를 준비해야 할 시기인데 세상은 흉흉하기만 합니다. 멀리 동광마을 너머로 한라산이 어머니처럼 오름들을 품고 있습니다.
오름을 내리니 기슭에 향교가 있습니다. 처마가 낮고, 드나드는 문도 좁아 아무리 높은 권력자라도 고개 숙여야 합니다. 이곳에서는 재수도, 대정

대정향교.

군수도 마찬가지란 생각을 하니 웃음이 납니다. 권력을 웃음 소재로 삼는 것은 민중들의 특허입니다.

향교 입구에 오래된 소나무가 흔들리는 것이 바람이 지나는 모양입니다. 추사 김정희가 유배 시절 그린 '세한도'의 모델이라는 설이 있지만, 지금은 두 그루 중 한 그루만이 외롭게 향교를 지키고 있습니다. 그 소나무가 在守 같아 보이자 '이실 재 직힐 수-在守' 공연단에게 그곳을 지나는 바람은 이야기가 되어 들립니다.

신당을 지키지 못한 마음에 심방어른이 크게 상심해 있습니다. 불미대장이 그런 그를 달랩니다. '굿당은 다시 지으면 되고, 신칼도 나가 새로 좋게 만들어 드리쿠다. 너무 상심 맙서. 그러나 저러나 저 놈들에게 잡혀간 재수와 덕정이가 걱정이우다.'

재수가 친구 덕정이와 함께 천주교당으로 잡혀가고 난 후, 재수는 통인 신분으로 나왔지만, 덕정이는 모진 고문으로 제정신을 그들에게 뺏겨 버렸습니다. 마을사람들이 합심으로 심방어른을 모셔 굿을 하기로 합니다. 재수의 어깨는 무거워지고 생각은 깊어져 갑니다.

군수어른이 유배 온 유생, 김윤식 어른을 찾아갓수다. 더 이상 천주교와 봉세관의 횡포를 지켜보고만 있을 수 없다며, 교폐와 세폐를 혁파하기 위하여 자위 집단인 상무사(商務社)를 만들 것이라 헸수다. 오좌수 어른도 허기로 헸다고 하니, 사람들 호응이 많수다. 나도 군수어른 쫓아 같이 허기로 허엿수다. 예전에 신분 탓하며 나서지 못한 시절이 가슴에 남아 나를 자꾸 채찍질 허염수다. 지금은 할 수 있는 방법은 다 허여 볼 생각이우다.

고독하게 서 있는 소나무 사이로 지나가는 바람이 들려주는 재수의 목소리, 떨리는 듯 차분하고 진중한 목소리는 단산을 감아 돌아 대정고을에 들불로 번져 나갑니다. 단산과 바로 이어 붙은 듯 이웃한 금산, 두 오름 사이로 고갯길이 마치 하늘 가는 입구 같아 보입니다. 그 고갯길을 넘으면 대정벌판입니다. 그곳에서 만나는 많은 거욱대들. '이실 재 직힐 수-在守' 공연단은 그곳에서 바람을 맞이합니다. 그 바람을 타고 번지는 들불을 느껴 봅니다.

들불 하니 떠오르는 사람들이 있습니다. 거친 땅에 불을 놓아 별진밧, 돌진밧을 일구던 화전마을 사람들. 고개 들면 보이는 저 한라산 못 미친 곳에 동백꽃처럼 통으로 지던 동광마을 사람들이 있었습니다. 순례자들은 잠시 동광마을 순례를 마치 사진첩을 꺼내어 보듯 재생해 봅니다. 사월굿 '헛묘' 이야기를 따라 걷던 동광마을 올레-빔과 채움의 길.

　1949년 1월, 한라산 중턱 해발 1,000미터 지경에 솟은 돌오름, 볼레오름을 지나며 눈밭에서 헤어지던 사람들. 정방폭포에서 바다로 떨어져 몸도 마음도 찾을 수 없게 되자 심방 입을 빌려 혼백 모아 시신도 없는 '헛묘'를 만들어야 했던. 놀이패 한라산의 역사 마당굿 작품 두 개가 이렇게 또 역사를 이어갑니다.

신평본향(新坪本鄕)

　바람이 낮게 아래로 깔리는 대정고을. 재수가 말한 아무 날 아무 시가 되었습니다. 이웃한 신평리 본향으로 사람들이 모여듭니다. 낮게 깔린 바람 때문인지 부석부석한 흙(浮土)이 모여드는 사람들과 섞입니다. 보리 이삭이 패기 시작한 밭은 이미 땅이 굳었습니다. 바람이 낮게 부는 것은 어쩌면 비가 내릴지도 모른다는 것인데도 새롭게 추대되는 장두 이재수를 보기 위해 사람들은 구름처럼 모여듭니다.

　불미대장이 장두가 된 재수에게 신칼을 바칩니다. 멀리 낮은 바람 위로 의미심장한 날라리 소리가 대정고을 일대를 감싸 돕니다. 아마도 한라산 오름자락에서 노루 새끼를 잡고 와서는 장두가 된 이재수와 축하주라도 나누려는 사농바치의 연주일 것입니다. 날라리 소리에 바람이 잦아들더니 비가 내립니다.

신평본향을 찾은 순례자들.

    내리는 빗줄기 같은 곧은 성품으로 스스로 장두로 나선 이재수가 장군복 차림으로 마을 사람들에게 모습을 드러냅니다. 내리는 비가 재수가 입은 장군복에 맺히더니 물방울 되어 흘러 내립니다. 빗소리가 사람들 박수 소리와 어울려 멋스러운 타악 연주로 들립니다. 그렇게 거룩하지도 않지만 그렇다고 전혀 무게감이 없지도 않은 진중함이 묻어나는 출정의식입니다.

    불미대장이 정성들여 만든 신칼을 받은 장두 이재수, 한라산을 향해 돌아서더니 신칼을 높이 치켜 올립니다. 저 눈이 녹기 전에 거사를 마쳐야 합니다. 그래야 보리농사도 마무리할 수 있습니다. 미래가 결정된 장두의 운명,

모슬봉 사면의 대정공동묘지 내의 이재수 모친 송씨의 묘비. 1941년 대정골 삼리주민들의 명의로 세운 비석전면에는 "제주영웅 이재수모송씨묘"라고 새겨 있다.

이재수 어머니 묘에서 '이재수-장두'를 노래하는 순례자들.

그것을 알기에 두려움을 용기로 돌릴 수 있었습니다. 장두 이재수가 격문을 읽습니다.

격! 오호라! 오늘날 탐라 백성이 생업을 잃고 도로와 산골에 방황하야 생계의 도를 자유의 도를 자유치 못하니, 그 민폐의 근본이 무엇이뇨! 이는 곧 살생과 폭행과 재물 늑탈을 일삼는 교도무리와 봉세관의 세폐로 말미암은 것이니, 저들은 교도가 아니라 폭도요, 저들이 믿는 것은 교가 아니라 미신이로다. 모여라, 모여라! 영웅, 열사들이여. 지금이 아니면 때가 늦다. 저들의 총칼에 죽을지니! 피 있는 자 일어날 지어다. 신축년 삼월, 대정창의소, 강우백, 이재수.
⟨현기영 소설 '변방에 우짖는 새' 중에서⟩

덕정이가 척사기(斥邪旗)를 한라산 높이 만큼이나 치켜 올립니다. 마을 사람들이 북과 징, 대양과 설쒜 등을 울리며 함성을 지릅니다. 그 소리 한라산 녹담만설(鹿潭晚雪)을 녹일 듯합니다. 내리던 비도 그쳐 바람이 되어 한라산을 향합니다. 장두 이재수가 이끄는 민군(民軍)은 각각 총, 검, 봉, 죽창 등 무기가 될 만한 것을 챙깁니다. 식량을 넣은 전대도 챙겼습니다. 동진은 강우백이 맡고, 서진은 이재수가 직접 맡았습니다. 이재수가 이끄는 서진은 차귀진 거쳐 명월진으로, 강우백이 이끄는 동진은 서귀진을 향해 출발합니다.

보리 이삭이 누렇게 익을 무렵인 아무 날에 제주성 밖 3리쯤 길목에서 만나기로 약속하고는 서로 격려를 아끼지 않으면서 한라산을 사이에 두고 동으로 서로 세 골르멍(힘을 고르며) 나아갑니다. 민군들이 부르는 노래 소리가 대정고을을 울립니다. 바굼지오름 북벽 바위를 두드려 한라산을 갑니다. 그러고 보니 바굼지오름은 한 마리 커다란 박쥐를 닮았습니다. 오늘은 그 바구미도 날개를 펴고 바람까마귀들을 호위하며 함께 제주성을 갈 것 같습니다.

명월진성지(明月鎭城址)

명월리도 예전에는 행정 중심지였는데, 대정과 모슬포 관계처럼, 일제강점기 한림항이 개발되면서 생활권 중심이 이동된 후 존재감이 약해졌습니다. 마을에 들어서면 명월천 따라 아름드리 폭낭(팽나무) 군락이 운치를 더해주고, 그 명월천을 따라 내려다 보면 명월진성을 만납니다. 그곳에 서면 독개(옹포) 앞바다에 천년섬 비양도가 평화롭게 떠 있고, 눈을 뒤로 돌리면 한라산이 바라다 보입니다. 지난날 이재수가 이끄는 서진민군이 이곳에 다다랐을 때는 어떠한 풍경이었을까? 멀리 비양도에서 불러오는 바닷바람이 그날 바람을 만납니다. 그 바람은 명월진까지 오면서 마을마다 많은 장정들이 합류하는 바람이 되었습니다. 휴식을 취하는 민군들 사이, 생각에 잠긴 재수도 지난 민회(民會)부터 지금까지를 곱씹어 봅니다.

5월 들어 매일 민회. 오대현, 강우백 두 어른이 중심되어 백성을 괴롭히는 천주교도들을 규탄. 더 피해가 없도록 제주성으로 가서 목사에게 호소하자 주창. 오대현 어른이 장두로. 소식 접한 봉세관, 강봉헌은 배를 얻어 타고 서울로 도주. 천주교도들은 산방산 뒤로 대정성을 습격. 오대현 어른은 무력 아닌 평화적 호소를 선택. 무장한 천주교도 3백 명 이곳 명월진에 당도. 구마슬 신부가 위협사격. 오대현 어른을 비롯한 다섯 명 납치. 대정군까지 쫓아가 무기고 탈취. 무차별 사격으로 신도리 사람 김봉년이 죽었다.

재수 마음이 송악산 절울이에 부딪치는 파도인 양, 바구미오름을 감도는 바람인 양 사납다가 어지럽습니다. 비가 내릴 듯 검은 하늘, 산방산도 구름 속으로 숨어 버립니다.

나가 허쿠다! ... 무사, ... 나 곹은 종자가 나사민 아니 되는 일이우꽈? 예, 삼촌

명월진성.

덜토 아시다시피 난 볕아 먹다 남은 볼레주시 같이 박박 얽은 얼굴에 하찮은 상놈이우다. 허지만, 비록 천한 목숨일망정 의를 위해 죽는 것이 옳다는 게 상놈 재수 생각이우다. 삼촌네들, 나를 탐라 백성의 방패막이로 삼아 주십서!
　　　　　　- 한라산 연극 〈이실 재, 직힐 수-在守〉 중에서

태풍의 눈에 든 것처럼 고요한 날씨. 하지만 아지랑이 피어오르듯 바람이 일고 구름 속으로 숨으려던 산방산도 돌아옵니다. 다시 바람이 소리를 냅니다.

> 강우백 어른이 오대현 어른을 만나 주십서. 지난 집회를 반성하고 뒷일도 도모허자고 헙서. 우리 손엔 헤 봐야 농기구들인데, 그런 우리에게 총을 쏘는 비겁한 천주교도들이우다. 무장을 허여사쿠다. 사농바치 형님은 산포수들도 모아 줍서. 아무 날 아무 시까지 마쳐 줍서. 그날 본향에 모이쿠다. 거기서 제주성을 향해 출발하기 전 고사를 올리쿠다.

재수가 고개 들어 한라산을 바라봅니다. 백록담 봉우리에는 '녹담만설(鹿潭晚雪)'입니다. 한라산에 내린 눈이 늦은 봄까지도 녹지 않았음입니다. 1901년 당시 제주에 유배된 김윤식(金允植)의 《속음청사(續陰晴史)》 5월 12일 일기에는 괴후(乖候)라고 표현하여 제철을 거스른 날씨라 하였지만, 제주 백성들에게 녹담만설(鹿潭晚雪)은 봄여름가을겨울이 돌아가는 자연입니다. 그래서 자연을 벗 하는 민중들에게 이것은 희망일 것입니다.

제주읍성지(濟州邑城址)와 관덕정

제주 돌담에 담쟁이넝쿨은 바람이 만들어낸 작품입니다. 담쟁이를 보노라니 들불처럼 진군하던 신축년 바람까마귀가 떠오릅니다. 그 바람까마귀들이 자신들의 바람을 이루고자 제주성 남문에 자리했습니다. '이실재 직힐 수-在'守' 공연단도 그날 바람을 맞고자 이곳 오현단에 일부만 남은 제주성지에 자리했습니다. 그런데 그 많던 제주성담은 어디로 갔을까?

1913년 10월 일제가 의해 제주성 북성문을 시작으로, 1914년 11월엔 동성 문루와 중인문, 1915년 7월엔 소민문과 북성, 그리고 1918년 11월엔 남성 문루가 훼철되더니 급기야 1926년, 아예 제주성곽 돌들을 통째로 산지항 축항 작업에 사용합니다.

순례자들은 그나마 남은 제주성을 매개로 1901년 5월, 그날 일기를 마주합니다.

17일 제주성 4문이 모두 닫혔다. 남문 밖 광양촌(光壤村)에서 천주교도 최형순이 교도들을 인솔하고 가, 어지러이 총을 쏘니 보리를 하던 부녀자 등 죽은 자가 꽤 많았다.

18일 맑음. 本官 金昌洙가 황사평에 이르자, 장두(狀頭)가 말하기를, "지금 평민이 교인들에게 피살된 자가 21명이나 되었소. 사람 목숨이 다쳤는데, 장차 무엇으로 죽은 사람의 원통함을 설욕하겠소." 하였다.

20일 밤에는 흐리다가 가늘게 비 뿌림. 장윤성이 경성교당에게 전보, 병선지원 요청. 민군이 새벽 먼동이 트면 제주성을 4면 공격하기 위해 수천 명씩 재배치하였다.

21일 김창수가 전하길, 용연진 장두가 하는 말이, "신부 구마슬과 뭇세, 최형순을 내보내면 화해를 의논할 수 있다."고 하자 교당에서는 모두가 안 된다고 하였다. 채구석이 전하길, 황사평 민중이 하는 말이, "다만 최형순 한 사람만 보내주면 일은 풀릴 수가 있다. 며칠 전 광양에서 무고한 백성 13명이 죽었는데, 모두 최형순이 한 짓인데, 어찌 최놈 한 사람을 아껴 13사람의 목숨을 갚지 않으

제주성지 전경.

려 하는가" 하였다.

22일 신부가 총을 쏘아 몇 사람을 죽였다. 민당은 향교 소나무들에 몸을 가리었다. 성안사람들은 민당이 입성하여 소탕해 주기를 모두 원하였다.

23일 흐리다가 가랑비가 내림. 성문이 닫힌 지도 일주일. 식량과 땔감도 떨어지자 삼도(一徒, 二徒, 三徒) 사람들이 관덕정에 모여 성문을 열 것을 청원.

24일 맑음. 민군이 3개진으로 동, 서, 남에 주둔하며 성안 왕래를 완전 봉쇄.

25일 맑음. 욕불일(浴佛日)-석가탄신일이다. 삼도민이 관덕정에 구름 같이 모였다. 김남학(金南鶴)이 개문장두로 나선다 하자 함성소리가 우뢰 같다. 관덕정 마당에 사람들이 모여, 당장 성문을 열 것을 요구. 구마슬 신부가 사흘 말미를 주면 성문 열겠다, 회유. 그러나 프랑스 군함을 기다리던 구마슬 신부가 약속이행을 안 하자 다시 관덕정에 사람들이 몰려와 성문 개방을 재차 요구. 1천 명에 달한 흰 수건을 머리에 쓴 부녀자들이 몽둥이를 들고 성곽을 올라 성을 지키던 교인들을 잡아 묶고 총포를 모조리 내던진 뒤, 3대 성문을 모두 여니 5월 28일이다. 장두 이재수는 서문으로, 오대현 형제와 강우백 등은 각각 남문과 동문을 통해 입성하니, 그들이 울리는 공포소리와 함성소리 드높다.

〈김윤식의 '속음청사(續陰晴史)' 발췌, 정리〉

1901년 5월 28일, 제주섬을 동서로 휘돌아 비로소 관덕정에 내려앉은 바람까마귀들처럼, '이실 재 직힐 수-在守' 공연단도 도심 속 광장에서 백 년이 지난 그날을 떠올리려 애씁니다. 높은 건물들 사이로 좁게나마 보이는 한라산 백록담이 오늘따라 반갑기 그지없습니다. 도심 속에서 보니 더욱 그 빛깔이 검푸르게 보입니다.

신축년 바람까마귀를 대표하여 이재수는 성안사람들을 안심시키고, 천주교도들의 죄상을 신랄하게 열거하며 붙들려 있거나 숨어있는 천주교도들까지 색출해 내 현장에서 모두 처형합니다. 그날 결과를 역사는 다음과 같이 기록했습니다.

제주군(濟州郡) 36개 리 합 93인 평민 여 1인 교민 92인 내 여인 5인
대정군(大靜郡) 26개 리 합 81인 평민 4인 교민 77인 내 여인 4인

정의군(□義郡) 8개 리 합 142인 평민 3인 교민 139인 내 여인 2인

통합 삼군물고(三郡物故) 317인 남 305인 여 12인

  5월 31일 프랑스 군함이 오고, 6월 10일 새로운 찰리사가 교폐와 세폐 시정을 명한 황제의 고유문을 붙여 민중을 효유합니다. 상황이 이렇게 되자 장두들은 민군을 해산시킵니다. 이제 단 한 번의 뜨거운 이별만 남았습니다. 관덕정광장에 마지막 바람이 불기 시작합니다.

  장두가 조용히 옷을 벗기 시작합니다. 제 목숨을 내 놓고 싸움에 임하는 게 장두입니다. 그래야 다른 사람들이 삽니다. 다시 이런 일이 생긴다면 누가 다시 민중의 원을 풀어 줄 것인가! 다음 심방은 누구인가! 불미업은 누가 이어갈 것인가! 잡귀 잡신을 잡는 신칼을 친구 덕정에게 물려주고, 재수는 마지막으로 장두로서 민군을 향하여 입을 엽니다.

> 어르신네들, 나말 들읍서. 싸움에서는 이 한 목숨 버리면 그만이주만은. 태 사른 땅에 의지 가지 없는 어린 것들 배곯아 울고, 늙은 할망은 병들언 누웟수다. 우리가 오늘, 이, 다 이긴 싸움을 그만두는 것은 배고프고 병든 식솔을 살리는 일이고, 조상의 땅을 지키는 일이라마씸. 돌아 가십서. 다들 집으로 돌아갑서! 헤어지는 마당에 서러운 것은 이 한 목숨 아깝지 않으나, 저 불국 잡귀들을 죽이지 못한 것이 한이 될 뿐이우다. 날랑 죽건 뻘에나 묻어줍서, 날랑 죽건 닥밭에나 묻어줍서!
>
>   〈문무병 장편시 '날랑 죽건 닥밭에 묻엉', '19.참수' 중〉

  이승을 떠나 저승을 가기 전, 입고 있던 옷을 '미여지벵뒤' 가시덤불에 걸쳐

두고 떠난 장두 이재수. 그와 함께 봄날을 달구었던 바람까마귀들. 그리고 여름을 앞두고 단 한 번의 뜨거운 이별을 하였습니다. 관덕정광장에 불던 바람도 내려앉았습니다. 스스로 존재하고자 했던 제주사람들. 4·3항쟁 못지않은 1901년 신축제주항쟁 바람까마귀들을 역사는 기억만 해 줘도 고마운 것. 기억하지 않으면 반복되기에 불편해도 기억하며 우리는 오늘을 삽니다.

  1948년 5월, 제주도 산지앞바다에는 아메리카 군함이 떠 있었습니다.

  1901년 5월, 제주도 산지앞바다에는 프랑스 군함이 떠 있었습니다.

  1949년 기축년 이덕구는 산지천에서 한라산과 제주바다 미여지벵뒤로 이별합니다.

  1901년 신축년 이재수는 바람까마귀들의 노래로 제주바다 미여지벵뒤로 이별합니다.

장두
(2001)

김상철 글, 최상돈 곡

재회, 가을날의 그 약속

약속

이별을 앞두고 약속을 하는 우리네 삶. 그 약속을 몸에 지닌 고무신으로 대신 한 사람들. 손심엉 나누진 못하여도, 일방적 약속이어도, 그 약속은 역사가 되고, 꽃비가 되어 내려 삶과 죽음으로 만난다. 그 여름날 더운 약속을 나누던 땅, 제주.

가을

섬 어디에나 너울대는 억새꽃. 바람에 흔들리는 듯 맞서는 듯. 할 수 있는 것은 거칠게 눕는 것. 청아한 제주 하늘에 그리움을 채우고 채워 부르는 이름 석 자, 아직도 많은데. 섬 오름마다 고향을 바라보는 눈동자처럼 점점 단풍 물들던 가을날의 기억.

재회

삶은 죽음으로, 죽음은 삶으로, 그리도 엇나가고 엇갈리던 세월. 아직도 찾아야 할 기억도 많고 채워야 할 술잔도 많은 오늘. 삶은 죽음을 찾고, 죽음은 삶을 찾는 死삶으로 만 재회하는 섬사람들. 그 섬 제주에서 평화는 메아리로만 남아 감장 돌고.

7월. 칠월칠석, 섯알오름 길

    1. 흰 국화 대신 검은 고무신

    2. 짐가동산

    3. 대정여자고등학교

    4. 모슬봉과 대정고등학교

    5. 제9연대 본부 옛터(평화의 터)

    6. 대정초등학교

    7. 모슬포지서 옛터

    8. 신사동산 (충혼묘지, 충혼탑)

    9. 알뜨르 비행장 터

    10. 송악산과 알오름

    11. 백조일손지지

    12. 만뱅듸공동장지

8월. 속냉이골, 노란 선인장

    1. 死삶으로 전승되는 역사

    2. 속냉이골 벌초因緣

    3. 노란선인장 진아영

9월. 死삶, 다랑쉬와 영모원

    1. 닮은 듯 다른 기억 전승

    2. 달 떠오면 떠오르는 기억

    3. 꽃진 기억 꽃피운 마을

칠월칠석, 섯알오름 길

흰 국화 대신 검은 고무신

　칠월 칠석은 만남을 상징하는 날입니다. 그러나 제주사람들은 이별이 기억되는 날입니다.
　섯알오름 길. 백조일손지지, 만벵듸공동장지 영혼들이 끌려가던 길.
　신고 있던 고무신을 벗어 던져 자신들을 알려 낸 길.
　그 고무신을 주우며 따라 간 그날 그 사람들의 길.
　사랑하는 사람에게 무언가를 급히 전하고 싶은 마음에 지니고 있는 물건 중 하나를 건네주는 사랑처럼, 이 길에서는 거룩한 흰 국화가 아니어도 좋습니다. 검은 고무신을 주우며 가던 마음처럼 역사를 만나는 길이니. 하늘엔 반달, 나라도 반쪽이던 그날처럼 걸어갑니다.
　더운 여름날 순례길은 겨울 순례랑은 색다른 경험치를 얻습니다. 우리들 순례길은 가을과 겨울이 대부분이었습니다. 그만큼 그 계절에 이야기가 먼저 많이 역사가 되고 있다는 것입니다. 하지만, 4·3역사는 봄여름가을겨울입니다.
　음력 7월 7일. 견우직녀가 만나는 날. 1년에 단 한 번 오작교에서 만나 사랑 나누는 날, 제주섬 사람들은 단 한 번의 크고 긴 이별을 하였습니다. 간 님은 가서 살길 바랄 뿐, 남은 이는 나서 살지 못하던 세월입니다. 순례는 때론 새벽 바람에, 때론 아침 햇살에 떠납니다.

음력 7월 7일 새벽, 칠월칠석순례 종착지인 섯알오름 추모비에 잔을 드리는 순례자.

모슬포 바다에 떠서 흐르는 섬, 가파도와 마라도 위로 샛별이 고운 칠월 칠석날. 6천의 함성, '통일독립 전취!'를 기억하는 대정초등학교에서 모여 고구마창고를 지나, 대정읍 충혼묘지가 있는 일제 신사동산을 넘으면 검은 고무신 길이 눈앞에 보입니다.

가지고 간 소중한 것을 길 위로 내리세요. 하늘을 보세요. 반달이 보이는 지요. 샛별이 보이는지요. 더운 여름, 겨울 같은 고요와 서늘함이 느껴지는 지요. 이제 내려놓은 소중함을 다시 챙기세요. 그리고 만나보세요. 검정 고

섯알오름 추모비(조각가 고민석)는 원래 이 모습이었다. 나중에 이 비는 조선시대 양식인 사진 왼편의 큰 비석으로 교체되었다.

무신을. 그 약속을.

1950년 여름 대정골 관내는 고구마 농사가 한창인 계절이었습니다. 그런 와중에 충격적인 사건을 맞이하였으나, 제주도민들은 꿋꿋이 시대에 맞서 살아갔습니다. '감저(고구마)줄기 벋듯 자손도 번성허여사.' 그렇게 다짐하고 다짐하며 오늘을 일궜습니다.

고무신을 주운 지도 7년이 다 되어가고, 그렇게도 그리던 시신수습을 하여 '한 자손'으로 모시기로 마음들을 모았습니다. '헤어지지 말자'고 했던 제

주4·3의 약속들을 죽어서라도 지켜드리고 싶었던 마음을 모아 혼올레-한울타리에 모셨습니다. 그러면서 공동의 마음-공동체를 이어 가고자 했습니다. 그래서 한 자손이 되기로 약속하였습니다.

그때 그분들의 마음, '헤어지지 않고 한 자손이 되자' 했던 마음은 제주4·3이 후세에 전해 준 교훈 중 참으로 소중한 가르침이었습니다.

이야기의 교훈은 제주4·3연작을 꾸준히 해 오고 있는 놀이패 한라산의 사월굿 '백조일손'을 통해 처음 전해 들었고, 현장 안내 중 신사동산과 고무신 이야기를 끝내 잊지 못하며 눈물 훔치던 4·3연구소 김은희 연구원의 눈물을 통해 전해 받았습니다. 증언을 토대로 '백조일손'이란 시를 쓴 김수열 시인에게도 받았고, 그리고 저 또한 7년 가까운 세월을 기다리고서야 노래를 만들었습니다. 그제야 이 '섯알오름 길'을 걸을 수 있었습니다.

더운 여름날이지만 가을 바람은 불어옵니다.

그날 그분들의 마음이 가르침이 되어, 고구마줄기 뻗듯 하는 것이겠지요? 누군가는 다시 그 마음과 가르침을 어딘가에서 이어가고 있길 바라며 깊은 이념의 굴레에 아직 갈등하고 있는 이 땅 제주에 진정한 평화바람이 불길 바랍니다.

역사가 4·3을 死삶으로 갈라 이념의 굴레를 씌우고, 6.25전쟁이 다시 역사를 갈라 4·3도 그 모심이 나누어지고 변질되어버린 느낌이지만, 그 모심에 대한 모범은 백조일손이 시작이던 시절이 있었습니다. 순례자들은 섯알오름 이야기를 그렇게 4·3역사로 기억합니다. 과거가 현재진행형인 곳, 대정읍 모슬포에는 '평화' 구호를 쉽게 만날 수 있습니다.

짐가동산

　대정읍 하모리와 동일리 경계에 있으며 김가(金家)가 살았다 하여 붙여진 이름으로 '김가'를 제주식 발음말로 '짐가(또는 짐개)'라고 부른 데서 연유한다. 1996년 지역주민들에 의해 4·3사건 위령비와 함께 조남수 목사, 김남원 민보단장의 공덕비가 세워지고, 2005년 7월에는 문형순 당시 모슬포 경찰서장 공덕비가 세워진 곳이다.

짐가동산 삼거리에 세워진 비석들.

더운 여름, 짐가동산에 모인 순례자들.

대정여자고등학교

한국전쟁 당시 육군 제1훈련소 야전병원인 98병원이 자리하고 있었다. 대정여고 본관 서쪽과 남쪽으로 24개의 석조건물 병동이 있었다. 병원 인근에 '장관목'이란 연못에서 피 묻은 붕대류 등이 1차 세탁되었고, 동일리 속칭 '홍물'에서 세탁한 뒤 모슬포 '신영물'이나 '기신태물'에서 다시 세탁하기도 했다. 1956년 육군 제1훈련소가 철수하자 병원도 1957년 전주로 이전했다.

대정여고 인근 속칭 '노론곳'에는 제98육군병원군의관 충혼비가 세워져 있다. 한국전쟁 당시 격무에 시달린 98병원 의료진들은 누적된 피로와 부상병 치료에 헌신하다 끝내 유명을 달리하기도 했다. 1955년 10월 31일 제98육군병원 장병 일동 명의로 이들을 기리기 위해 충혼비를 세웠다.

박순진순국기념비.

그리고 1951년 한국전쟁 당시 희생된 아들을 위해 아버지가 그 다음해에 제98육군병원 근처에 기념비를 세웠는데 陸軍一等上士 朴順珍殉國記念碑(육군일등상사 박순진순국기념비)다.

비석 내용을 축약하면,

박순진은 1930년생이며 1950년 만20세에 입대하여 1951년 9월 강원도 양구 지역에서 전몰했는데 시신을 수습하지 못했다. 이를 슬퍼하여 그 아버지가 비석을…

모슬봉 정상은 일반인 접근이 어렵다.

모슬봉과 대정고등학교

 알뜨르 땅을 내려다보면서 모슬포의 역사를 온 가슴으로 간직한 오름. 미공군기지였던 맥냅기지가 현재도 오름 정상에 존재한다. 원래는 두 개의 건물이 있었는데, 한 개는 태풍에 유실되었다. 오름 기슭으로는 공군부대와 해병부대, 그리고 대정고등학교를 품에 안고 있다. 오름을 걷다 보면 섯알오름의 이야기를 기록한 비석들 또한 만날 수 있다. 멀리 송악산 섯알오름이 보인다.

대정고등학교 앞에는 일본군 발전소 유적이 남아 있다. 농협에서 고구마 저장고로 쓴 일이 있지만 현재 원형을 거의 유지한 채 방치되고 있다. 1949년 1월 10일, 소위 특공대원 학살사건이 발생한 곳이다. 모슬포에는 다른 제주도 마을처럼 민보단이 조직되었으나, 별도로 소위 '사상이 건전한 사람들'이 중심이 되어 조직된 특공대가 있었다.

제9연대 본부 옛터(평화의 터)

대정읍 상모리 3682-1번지 일대이며, 현재는 해병부대가 자리하고 있다. 2007년 3월에는 대정역사문화연구회에서 '평화군의 양성소'라는 설명과 함께 '평화의 터'를 조성하게 된 배경이 되는 곳이다. 현재 육·해·공 3군상징표상탑이 3군의 창설과정을 적은 안내문과 함께 세워졌다. 군대와 전쟁, 전쟁과 평화, 평화와 군대. 그리고 해병대와 제주도, 특히 4·3과의 관계를 깊이 생각하게 하는 곳이다.

1950년 7월 16일, 모슬포경찰서 관내 예비검속 관련 구금자 347명 중 60명이 해병대로 인계되어 집단학살 되었고, 8월 20일(음력 7월 7일) 새벽 모슬포 주둔 해병 제3대대(대대장 김윤근 소령)는 이른바 '섯알오름 대학살'을 하는데 이러한 이해당사자를 위하는 상징물을 이 순례길에 마주하게 되다니. 4·3으로 이념적 굴레가 지나치게 씌워졌을까. 아무리 그 굴레를 벗고자 하는 방법이라도 이 공간은 아니라는 생각이. 전쟁과 평화라는 말은 참 사람을 비겁하게 만든다. 그리고 인간은 자신을 탓하기 보단 자신들이 일으

킨 전쟁을 탓하고 평화를 말하고 있는 이곳.

　1951년 3월 21일 육군 제1훈련소가 이곳에서 정식으로 출범한다. 지금도 해병부대 막사 일부와 당시 훈련소 정문 기둥, 그리고 강병대교회가 그대로 있다. 당시 훈련소 정문기둥은 도로 양쪽에 가로 세로 2m, 높이 4.5m 정도의 시멘트 기둥으로 남아 있으며, 두 기둥 모두 서쪽 면에 간판을 걸었던 구부러진 철근이 보인다. 이 일대는 일제강점기 오오무라(大村)병사를 시작으로 국방경비대 9연대, 11연대, 2연대, 그리고 해병대, 최종적으로 육군 제1훈련소까지 '죽임'의 연습장이었다.

대정초등학교

　당시 대정면사무소와 이웃해 있었는데 학교만 그 자리를 지키고 있다. 면사무소는 원래 대정골 인성리에 있었던 것이 1934년 일제강점기 모슬포항이 개발되면서 경제 중심 이동에 따라 현재자리로 옮겨졌다.

　1947년 3월 1일 제주도에서는 전도적으로 제28주년 3·1절 기념식이 치러진다. 제주읍에서는 조천면, 애월면과 합동으로 제주북초등학교에서 3만의 인파가 모였으며, 이곳 대정면 3·1절 기념식은 6천여 명이 참석한 가운데 이곳 대정초등학교에서 열렸다. 그러나 대토벌시기에는 제주도 여타 다른 지역 학교처럼 수시로 토벌대들이 주민들을 수용하는 장소로 사용되었다. 그렇지만 여기에는 지역주민들의 진정이 담긴 비석이 하나 있다.

왼쪽 위 사진 평화의 터 탑과 3군 표상탑. 대정읍 옛 육군 제1훈련소 터(해병 제91대대 앞)에 2007년 3월 21일 대정역사문화연구회에서 평화의 터와 3군 표상탑을 세웠다.
왼쪽 아래 사진 육군 제1훈련소 정문터. 훈련소 정문 문주는 도로를 넓히면서 당시 거리보다 더 벌어져 있다.

대정초등학교 운동장 한 켠에 있는 대한민족해방기념비.

  8·15 해방의 기쁨을 기념하기 위하여 일제강점기 무명교사의 민족교육에 감명 받은 대정공립국민학교 34, 36, 38회 졸업생들이 5년간 헌금을 모아 1950년 건립한 '大韓民族解放記念碑(대한민족해방기념비)'다. 대한민국이 아닌 '민족'으로 표현한 이 비의 규모는 높이 171cm, 전면 폭 56cm, 측면 폭 34cm이다. 다음은 비문 내용이다.

  아! 한말에 이르러 왜국이 청국과 노서아를 이긴 뒤 우리 겨레를 강압으로 경술합방의 조약을 맺어 우리의 자주권을 빼앗았다. 그 후 36년간의 굴욕은 일찌기 반만년 역사에 없었던 일이다. 그래서 우리 민족은 조국 광복을 위하여 항일 운동을 그치지 않고 해내외에서 수많은 의사와 열사의 그 장한 순국과 위국충절은 천추에 빛났다. 그 결과 1945년 8월 15일 태평양전쟁에서 연합국에게 일본은 항복하고 우리 민족은 왜놈의 굴레에서 드디어 해방이 되었으니 이 어찌 통쾌하지 아니한가! 우리들은 이 기쁨을 이기지 못하여 이 비를 세워 이 민족의 해방을 기념하는 바이다.

대정초등학교 정문을 마주한 골목에는 1950년 한국전쟁 직후 모슬포 경찰서 관내 주민 347명을 구금하였던 지하 공간이 있다. '절간고구마창고'로 사용되던 곳인데, 1950년 8월 20일(음력 7월 7일) 새벽, 모슬포 주둔 해병 제3대대에 의해 트럭에 실려 신사동산을 지나 송악산 섯알오름 자락으로 끌려가 희생된 사람들이 머물던 곳이다.

모슬포지서 옛터

1949년 1월 18일, 모슬포지서는 제3구 경찰서로 승격되어 대정면, 안덕면, 한림면까지 관할하게 되고, 동년 2월 13일, 모슬포경찰서로 개칭된다. 한림면지역에서 예비검속 희생자들이 모슬포 관내인 섯알오름에서 희생된 배경이 여기에 있다.

1948년 3월 경찰에 연행됐던 청년 3명이 경찰의 고문으로 잇따라 숨지는 사건이 발생, 제주사회의 민심을 동요시켰다. 조천지서에 연행됐던 조천중학원 2학년 학생 김용철(金用哲, 21세)이 유치 이틀 만인 3월 6일 별안간 숨졌다. 사체의 검시 결과 그는 고문에 의해 사망한 것으로 밝혀졌다. 3월 14일 모슬포지서에서 유치 중이던 대정면 영락리 청년 양은하(梁銀河, 27세) 역시 경찰의 고문으로 목숨을 잃었다. 3월 말에는 서청 경찰대에 붙잡힌 한림면 금릉리 청년 박행구(朴行九, 22세)가 곤봉과 돌로 찍혀 초주검상태에서 끌려가다가 총살당한 충격적인 사건도 발생했다.

〈제주4·3사건진상조사보고서 149쪽〉

지서 터를 등에 지고 포구 방향 길 건너에는 그야말로 모슬포 사람들의 젖줄이자 생명수인 신영물이 흐르고 있다. 원래는 바닷가 용천수였으나 지금은 수많은 매립공사로 인해 시내 중심가에 있는 느낌이 든다. 한국전쟁 당시에도 피난민과 주민 등 총 17만 5천에 달하는 사람들을 먹여 살린 곳이다. 가히 신령물(神靈물)이라 불릴 만할 정도로 그 위상이 현재는 개발로 인한 지형 변화 등으로 물세도 약해졌고 아스팔트 도로가 그 위를 지나면서 그 격이 낮아진 느낌이다. 신영물로 하나 되던 모슬포 공동체가 되살아나고, 그 마음으로 모슬포 지역도 이념의 굴레에서 벗어나 진정 평화의 성지가 되길 바라본다.

신사동산(충혼묘지, 충혼탑)

제주도 모든 시·읍·면 단위로 충혼묘지가 있는데 그곳에는 공통된 비석이 있다. 바로 1949년 이후 학살의 주역인 2연대 관련 비석이다. 1948년 10월 여순사건을 진압하였다는 공적과 함께 그 비석이 세워진 곳의 주민들을 토벌하러 한라산 어디까지 가서 희생되었다는 기록 또한 거의 비슷하게 새겨

칠월칠석날 새벽, 트럭이 지나간 신사동산에 선 순례자들은 신발을 벗어 하늘을 올려다 보았다.

져 있다. 어디 가나 있는 게 또 있는데, 한국전쟁에서 희생된 군인들을 기리는 충혼비다.

죽음의 길목 신사동산을 눈앞에 두고 세워진 충혼탑은 1953년 2월 7일 착공하여 4월 20일 완공하였다. 높이 약 5m, 하부는 2.8×2.8m다. 1950년 칠월칠석날 트럭에 실려 가 희생된 채 7년 가까운 세월, 영혼으로라도 고향 가는 싶은 마음이 서린 길목, 그 신사동산에 하필 이 비석이 서 있다. 섯알오름 구덩이로 녹아내리는 육신들을 바라보면서도 당국의 명령만을 기다리던 군인들의 마음이었을까?

제주민들은 일제강점기때는 신사(神社)에 고개 숙였고, 해방 후에는 드나드는 미군정 차량에, 그에 탑승한 군경에게, 혹은 고위 권력자에게, 그리고 결국 트럭에 실려 고개 숙인 채 고무신을 떨어뜨리며 넘었던 동산, 신사가 있었다고 신사동산. 비록 야트막한 동산이지만 신사동산은 그날 이후 삶과 죽음의 경계인 이승과 저승의 길목이 되었다.

신사동산은 일제가 알뜨르 비행장을 건설하면서 만든 진입로, 즉 군용도로다 보니 군데군데 길 좌우가 패인 흔적들이 보인다. 제주섬 일반 농로와는 전혀 다른 길이다.

알뜨르 비행장 터

이 비행장을 건설하면서 이 일대에 있던 7개의 마을이 없어져 버렸다. 비행장 건설로 알드르에 있던 마을들을 소개하는 바람에 알오름동·저근개·골못·광대원 등의 마을이 폐동되어 버렸고, 그들은 멜캐·상모리·사계리·산이물 등지로 옮겨 살았다.

> 알뜨르 비행장은 1926년에 계획하여 1935년에 만든 일제강점기 비행장으로 주민들로부터 징발한 주거지·농지·목장 등을 이용하여 20만 평으로 완공하였다. 그러나 1937년부터 확장을 계속하여 동으로는 섯알오름, 서로는 하모리 시가지, 남으로는 바닷가, 북으로는 일주도로에 이르는 평야지대까지 1945년에는 80만 평을 차지했었다.
>
> (제주4·3연구소. 4·3 장정 6. 109쪽)

예전에는 출입증을 들고 들어가 농사짓던 알뜨르를 걷는 순례자들.

　　제주도에서도 대정읍 지역은 중국과 가장 가까운 거리에 있고, 태평양에 붙어 있으며, 지역이 광활하여 비행장으로 알맞고, 바로 동쪽의 화순 앞바다는 수심이 깊은 데다 자연적인 항만을 형성하고 있기 때문에 일본으로서는 최적의 군사요충지였다. 일본은 제주도를 중일전쟁 때에는 대륙 침략 전쟁의 전진기지로, 전쟁 말기에는 일본 본토 방어를 위한 거점(결7호 작전)으로 이용하였다. 비행장 터 일대에는 등록문화재 제39호인 大村飛行場址 格納庫(오오무라 비행장지 격납고)들이 눈에 띈다.

송악산에서 바라본 형제섬 위로 해가 솟는다.

송악산과 알오름

　송악산은 3중분화구이면서 알오름도 품고 있다. 알오름 정상 능선따라 고사포진지가 있고 측면 따라 진지동굴이 있다. 진지동굴은 송악산 절벽에도 흔히 볼 수 있는데, 비행장 격납고가 하늘 자살대를 위한 거라면 송악산 진지동굴은 바다 자살대, 즉 어뢰정을 숨길 요량이었다. 일제가 지하진지를 본격적으로 만들기 시작한 것은 1945년 2월부터로 추정하는데, 고사포지휘소와 어뢰고·연료고·통신소 등이 들어가게 할 예정이었다. 비록 완성되지는 않은

송악산 알오름 고사포진지에 선 순례자들.

상태에서 전쟁이 끝났지만 오름 주위로 모두 6개의 출입구가 있다. 조망권이 좋다는 제주도의 오름에는 거의 모든 곳에 이런 시설이 있다.

대살(代殺)이란 말이 있다. 대신 죽임. 1948년 12월 13일 대정읍 상모리 이교동 속칭 '앞밭'에서는 토벌대가 주민 48명을 공개 총살한다. 토벌대는 군부대에 체포된 무장대 세포-이아무개의 진술에 따라 소위 무장대 협력자들 명단을 만들고, 이들을 체포해 주민들 앞에서 공개총살 했다. 당시 다른 많은 학살사건처럼 이 사건도 혹독한 고문 끝에 나온 이아무개의 진술 하나가 주민들을 무차별 총구 앞에 내세운 근거였다. 이 과정에서는 아무런 검증

칠월칠석, 섯알오름 길 175

이나 재판 절차 또한 없었다. 이 시기 대정중학생이라면 무차별 체포했고 남아 있는 가족을 대신 학살하기도 했다. 그래서 주민들은 이 일을 '대살(代殺)사건'이라고 부르기도 한다.

4·3역사에 수난을 겪은 자연물들도 이에 해당할까. 선흘리 불칸낭, 낙선동 폭낭과 서홍동 먼낭, 그리고 비학동산 폭낭. 무너진 흑룡만리 돌담들. 붉은 피를 품어야 했던 내창(川)과 대지. 가슴 뚫린 오름들까지. 제주바당 물막은 섬 한라산은 그야말로 상처투성이 오늘을 살고 있다.

백조일손지지 작은무덤들 뒤로 산방산이 보인다.

백조일손지지

　1950년 8월 20일(음력 7월 7일) 송악산 섯알오름, 옛 일본군 탄약고 터에서 학살된 모슬포경찰서 관내 주민 132명의 시신이 집단으로 모셔져 있는 곳이다. 사건 발생 후 7년 가까운 세월 동안 시신 인도를 거부하던 군 당국과 가까스로 타협을 본 후 1956년 5월 18일(음 4월 9일) 세월에 문드러져 형체도 모르게 흙탕물 속에 뒤엉킨 시신을 수습하기 위해 양수기까지 동원하는 등 유족들은 많은 고생을 했다. 이 과정에서 자타의 시신 구별이 어려워 132개의 칠성판 위에 머리뼈 하나, 등뼈, 팔뼈, 다리뼈 등 큰 뼈를 대충 맞추고 132구를 구성해 묘역을 조성했다. 이런 이유로 유족회 이름도 '백조일손(百祖一孫)유족회'로 지었다. 서로 다른 132분의 조상들이 한날, 한시, 한곳에서 죽어 뼈가 엉키어 하나가 되었으니 그 후손들은 이제 모두 한 자손이다'는 의미다.

　1959년 5월 8일 묘역에 위령비도 건립했다. 百祖一孫之地. 그러나 1961년 5·16군사쿠테타 직후인 1961년 6월 15일 경찰에서 위령비를 파괴하고 일부 유족들에게 묘지를 이전할 것을 강요했다. 그 즈음 23위가 다른 곳으로 이장했으나, 4·3진상규명운동이 시작되면서 현재 7위가 다시 원래 위치로 재이장 됐다. 당시 파괴되어 땅에 묻었던 위령비 조각들은 다시 꺼내어져 새 비석 옆에 보관, 전시되고 있다.

만뱅듸공동장지

　1950년 8월 20일(음력 7월 7일) 송악산 섯알오름, 옛 일본군 탄약고 터에서 학살된 무릉지서 관내 주민 63명의 시신이 집단으로 모셔져 있는 곳이다.

사건 발생 후 7년 가까운 세월동안 문드러지고 흐드러진 시신을 1956년 3월 30일 유족들이 군인들 몰래 칠성판, 광목, 가마니를 준비하고 새벽 2~3시경에 트럭으로 섯알오름에 가서 수습해 왔다. 백조일손지지 희생자와는 다른 구덩이에 있던 이들 시신들은 머리 모양이나 치아, 썩다 남은 옷, 소지품 등으로 일부 시신을 구별했다고 한다. 묘지는 유족 한 분이 무상으로 내 놓았다. 유족들은 그날, 매장을 하면서 서로 약속했다. "앞으로 단 한 사람이 여기 벌초를 오더라도 메도, 술도, 벌초도 같이 하자'고. 그러나 공동으로, 혹은 집단으로 벌초를 하거나 하는 것은 상처의 후유증으로 인해 거의 할 수 없었다.

만뱅디공동장지 작은무덤들 뒤로 금악오름이 보인다.

섯알오름 길 (김경훈 詩)

트럭에 실려 가는 길
살아 다시 못 오네

살붙이 피붙이 뼈붙이 고향마을은
돌아보면 볼수록 더 멀어지고

죽어 멸치젓 담듯 담가져
살아 다시 못가네

이정표 되어 길 따라 흩어진 고무신들
전설처럼 死緣 전하네

오늘은 칠석날
갈라진 반도 물 막은 섬 귀퉁이 섯알오름

하늘과 땅, 저승과 이승 다리 놓아
미리내 길 위로 산 자 죽은 자 만나네

녹은 살 식은 피 흩어진 뼈
온전히 새 숨결로 살아 다시 만나네

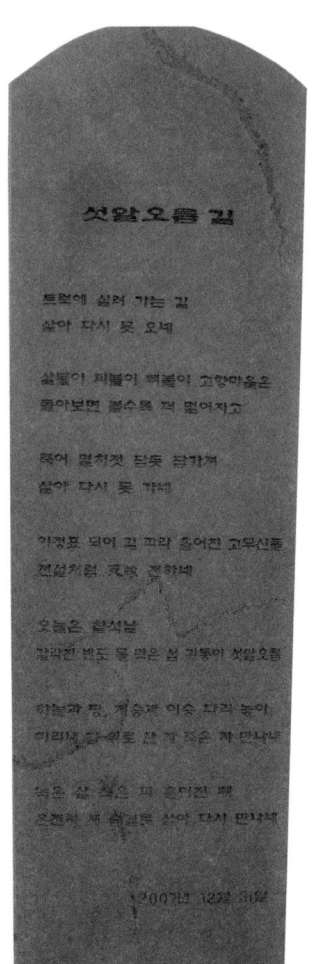

섯알오름 추모비에 새겨진 김경훈 시인의 추모시.

섯알오름의 한
(1997)

최상돈 글, 곡

속냉이골, 노란 선인장

死삶으로 전승되는 역사

　죽어서도 기억은 전승되고, 살아서도 기억은 전승됩니다. 기억을 억지로 전승하려 하지 않아도 민중 스스로가 행정지원 없이도 기억하려 하고, 전승하려 하기에 더욱 소중합니다. 그런 점에서 남원읍 의귀리 속냉이골과 한림읍 월령리 노란선인장 이야기는 닮았습니다. 죽음으로 전하는 이야기도 살아서 전하는 이야기도, 가슴으로 받은 고난의 역사에 우리들은 말합니다. 고맙습니다, 고맙습니다.

　2004년 봄, 도법 스님을 비롯한 생명평화탁발순례단이 남원읍 의귀리 속냉이골을 찾아 천도재를 올리고 갔습니다. 그동안 이념의 굴레를 쓰고 있던 우리들에게, 참으로 어리석었던 우리들에게 스님은 벌초라도 하지 않았냐고 하십니다. 그 후 해마다 벌초를 해 오면서 후손된 마음으로 절을 드리고 공간을 꾸며 가고 있습니다. 거기 누운 모습으로 역사를 전하는 넋들에게 말합니다. 고맙습니다.

　2004년 가을, 무명천할머니 진아영이 삶을 마쳤습니다. 그가 떠난 자리는 외로워 보였습니다. 그를 기억하는 것은 그가 살던 부엌이 달린 방이 있는 선인장 마을 월령리 집. 그래서 그 삶을 기억하고 전승하고자 그가 살았던 집을 박물관처럼 운영하는 계획을 세워 오늘에 이릅니다. 해마다 제사 지내는 후손된 마음으로 그 공간을 찾는 이들은 고마운 절을 드리고 할머니를 만납니다. 고맙습니다.

제주는 관광지입니다. 그리고 매년 4월이 되면 또 다른 여행을 하는 사람들이 제주를 방문합니다. 그 여행은 역사를 되새기기 위한 것입니다. 관광지 제주에서 순례는 여행에 대한 문제제기, 서브젝트(subject)입니다. 돌아봄이 미래가 되는 역사입니다.

속냉이골 벌초 因緣

2004년 5월 14일. 속냉이골 천도재를 하던 날은 첫 벌초를 한 날입니다. 도법스님에 의해 속냉이골에 드리워진 그늘이, 엉켜 붙은 마음이 한 꺼풀 벗겨지더니, 조금 다듬고 조금 더 다듬었습니다. 그러나 아직, 우리의 걸음은 부드럽지 못합니다. 아직은 박힌 돌에 흔들리고, 넝쿨 뿌리에 발이 걸립니다. 하지만 그 걸린 발들이 모여 인연이 됩니다. 벌초는 그리 이어지기 시작하여 역사가 되고 있습니다. 그날 김경훈 시인이 직접 낭송한 시는 우리 속냉이골 이야기의 뿌리가 되고, 그곳엔 비목 하나가 세워집니다.

속냉이골 의귀사건 희생자 유골방치터
모든 생명은 존엄한 것이다.
옛말에 '적의 무덤 앞을 지나더라도 큰절부터 올리고 가라'고 했다.
바로 이곳은 제주현대사의 최대비극인 '4·3사건'의 와중에 국방경비대에 희생된 영령들의 유골이 방치된 곳이다.
당시 국방경비대 제2연대 제1대대 2중대는 남원읍 중산간 마을 일대의 수많은 주민들을 용공분자로 몰아 의귀초등학교에 수용하고 있었다.

속냉이골 묘지 전경.

1949년 1월 12일(음력 48. 12. 14.) 새벽 무장대들이 내습, 주민피해를 막아보려 했지만 주둔군의 막강한 화력에 밀려 희생되고 말았다.

이때 희생된 수십 명의 무장대들은 근처 밭에 버려져 썩어가다가 몇 년이 지나서야 비로소 이곳에 묻혔지만 내내 돌보는 사람 하나 없이 덤불 속에 방치돼 왔다.

우리 생명평화탁발 순례단은 우익과 좌익 모두를 이념대립의 희생자로 규정한다. 학살된 민간인뿐만 아니라 군인 경찰과 무장대 등 그 모두는 해방공간과 한국전쟁 때 희생된 내 형제 내 부모였다.

'평화의 섬'을 꿈꾸는 제주도, 바로 이곳에서부터 대립과 갈등의 고리를 끊어야 한다.

우리 순례단은 생명평화의 통일시대를 간절히 염원하며, 모성의 산인 지리산과 한라산의 이름으로 방치된 묘역을 다듬고 천도재를 올리며 이 푯말을 세운다.

2004. 5. 13.
생명평화 탁발순례단 일동

초가을의 연인

태풍 소식에 마음 졸이며 기다렸습니다. 당연히 가지 않으리라 생각한 분들도 있었겠지만 또 다르게 당연히 가리라 생각해서 나온 분들도 있었습니다. 현해탄 건너 공부차 제주도에 오신 재일교포와 일본인들까지 합쳐져서 순례단은 30명을 육박합니다.

출발 때는 바람은 없더니 한라산 동쪽 중턱을 넘으면서 안개도 끼고 바람도 세차지기 시작하더군요. 비바람 속에 비옷을 입은 사람, 우산이 접히는 사람, 그냥 비 맞는 사람 등 그러나 모두들 한마음으로 풀을 베고, 풀을 치우고, 가시덤불을 걷어내고, 제를 지내고, 무릎을 꿇고, 절을 하고, 잔을 돌아가면서 다 올렸습니다.

그리고 스님의 독경과 청춘의 노래, 마지막으로 장철기의 춤사위를 따라 무덤을 돌아보고 마무리를 하였습니다. 비록 다분히 서두른 점은 있으나 모두들 비에 덜덜 떨면서도 정성을 드리려는 모습은 역력하였습니다. 여러 가지 몸보시들이 있었기에 저와 김경훈 님은 시낭송도, 노래를 하지 않아도 충분하였습니다.

   제지낼 음식을 밤새 준비한 정은.

   임신한 몸으로 참가한 희정.

   통일청년회(소란, 현미, 현애, 은영).

   청년노래단 청춘(지은, 영태, 성미, 수신, 영훈).

   영훈은 비 맞으면서도 노래보시를 했지요.

   김효철 대표와 영철은 늦게 출발한 바람에 서둘다가 접촉사고가 났습니다. ㅠ.ㅠ

   신나락-현주는 장구를 연주하기로 했는데 비 날씨로 포기해야 했습니다. ㅠ.ㅠ

   신혼여행 온 장철기, 김지영 부부는 아내 소리에 맞춰 남편은 맨발로 춤을 추었습니다.

   위 두 사람을 안내하고 있는 기정.

   4·3연구소 오승국, 성만, 명주.

   몸도 안 좋은 상태에서 독경을 해 주신 재일교포 김대안 스님과 김창생 작가 내외분.

   현장에 격려방문 와서 점심을 사 주신 양봉천 현의합장묘 유족회장.

   그리고 제주에서 공부하고 있는 무라까미 나오꼬.

   시인 김경훈.

   모두들 고생하셨습니다.

오른쪽 사진 속냉이골 벌초因緣

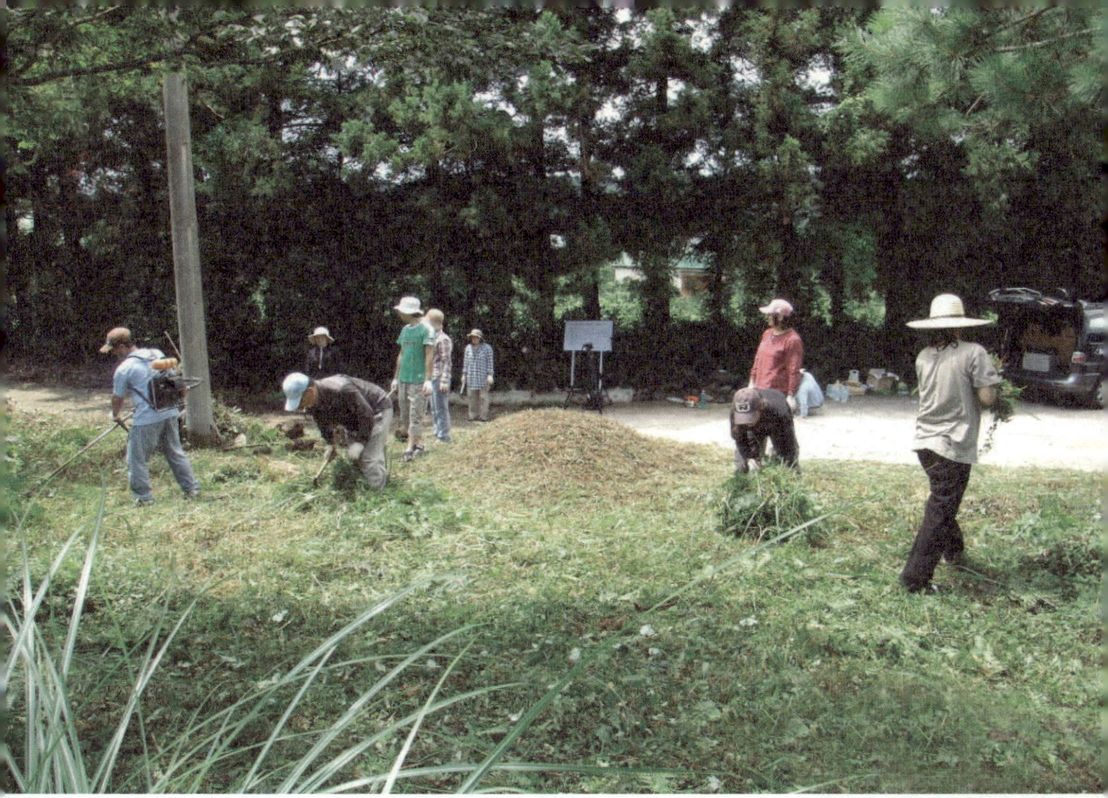

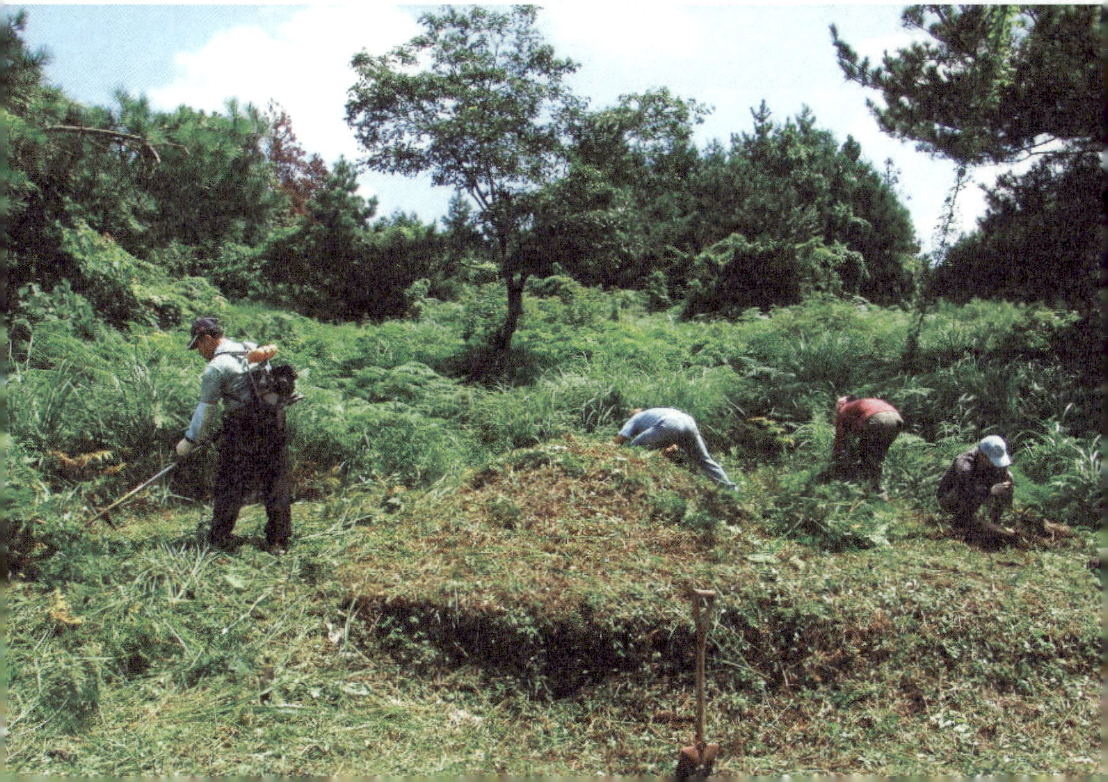

벌초를 하고 진설한 후 제를 드리고 노래를 드리는 모습.

의귀리 삼각관계

　사람을 살리려다 죽은 사람들, 그들의 무덤, 누구인지 아직도 덜 밝혀진. 그들이 살리려 했던 사람들도 죽고, 그들도 죽고, 이들과 싸움을 벌이다 죽은 군인들까지, 어쩌면 서로 질시하고 미워했을까? 미워하고 있을까? 그러나 그렇지 않으리란 걸 우린 압니다. 이미 그들께서는 용서를 하고 화해를 하고 상생하고 계실지 모르거늘, 남은 우리들이 그러지 못하고 있을 것인데…
　남원읍 충혼묘지를 들러 2연대 군인 희생자 비석을 찾은 순례자들. 처음

벌초를 마치면 인근 수망리에 있는 현의합장묘를 찾기도 한다.

찾은 발걸음. 앞으로 다시 찾을 지는 모르나, 삼각관계를 풀고 싶은 마음으로, 이념의 굴레도 벗고 싶은 마음으로, 비석 앞에 간단한 제물을 진설, 묵념, 그리고 순정한 물을 비석에 뿌리는 순례자들.

  수망리 현의합장묘를 들러 희생자 명단을 보는 순례자들. 무력 충돌 사이에서 희생당한 마을 사람들. 의귀리 동구밖 길모퉁이 작은 봉분 3기에 50여 년을 서로 얽히고 설켜있던 구묘역을 발굴하여, 화장을 하한 후 3개의 항아리에 넣고 양지바른 수망리 푸른 언덕 위에 새롭게 단장한 현의합장묘. 큰

현의합장묘에서의 헌곡.

봉분 3기. 시를 낭송하고, 노래를 드리고, 절을 하는 순례자들.
    의귀리 속냉이골 무장대 무덤. 지금도 그날 그대로 가묘인 상태. 이 넋들로 인해 현의합장묘 희생자들이 생겼다고 말하기도 하는데… 더 큰 이유는 다른 곳에 있는데도, 아직 그렇게 말하는 사람들과 함께 벌초를 하고, 진설을 하고, 절을 하는 순례자들.

오른팔이나 왼팔이나 모두 필요한 것을
예나 지금이나 알면서 서로 생각하고 있는 방향이 다르다고 적으로 생각했을까?
우리 몸 좌, 우 조그만 신경세포 한 줄기만 아파도 통증이 있을진데
어이하여 기나긴 여정에 짐을 풀어내지 못하고 있는지 참으로 안타까움이…
정의는 언제나 살아 있기에 보다나은 역사를 만들기 위해 노력하는 전사들의
노력에 박수를 보냅니다.

-제주4·3순례카페 '사랑물결'님

돌들을 모아

속냉이골 무덤은 길가에 방치된 채 그동안 세월을 버틴 곳입니다. 그래서 무너져 내리는 길가 쪽에 경계 겸 울담을 쌓을 양으로 제주섬 전도를 돌며 돌을 모아다 놓자고 속냉이골 벌초 상주격인 김경훈 시인이 제안하였습니다. 우선 오늘 2009년 8월 12일 조천읍과 의귀사건 관련마을-한남리, 수망리를 돌며 돌 하나씩을 모아 속냉이골에 내려 놓았습니다. 의귀리를 제외하여 총 18개를 모았습니다. 그러나 이 행위는 자연물에 대한 예의가 아니라 판단하였습니다. 4·3에 소개 당한 나무들이 떠올라 마음이 몸을 멈추게 하였습니다. 그래서 아래만으로 멈추었습니다.

조천읍 신촌리 이덕구생가 올레, 조천리 김경훈 시인 과수원, 와흘리 위령비 옆 연못가, 대흘1리 마을 안 연못 터, 대흘2리 마을 안 연못동산, 와산리 종남밭 연못가, 선흘2리 선인동 폭낭올레, 선흘1리 선흘분교 앞 올레, 북촌리 너븐숭이빌레 위, 함덕리 한모살문화학교 마당, 신흥리 바닷가 교래리 천미천가, 남원읍 수망리 사리물궤 현의합장묘역 올래, 한남리 서중천 올레, 의귀리 속냉이골 올레.

양봉천 현의합장묘유족회장, 김경훈 시인, 송맹석 화백 등이 묘제를 지내고 있다. 그 뒤로 독경을 마친 김대안 스님이 보인다.

　매년 8월 15일은 벌초하는 순례날입니다. 몸이 참가하지 못하면 막걸리 동행으로 대신하는 이도 있습니다. 첫 방문에 눈앞 풍경이 신기해 하는 아이들의 눈도 있습니다. 그 아이들이 자랄 미래는 평화세상이 되길 바라는 엄마아빠도 함께하는 순례입니다. 그 평화세상이란 미래에서는 여기 누운(?), 묻힌(?), 잠든(?) 이들의 명예도 빛나기를 바라는 순례자들도 있습니다. 동행하실 분들은 그날 그곳으로 그 시간에 오십시오. 벌초 복장 및 도구-호미, 낫 등을 준비하면 좋겠고, 조그만 정성이 담긴 음복거리 준비하면 더욱 좋겠지요. 뭐, 물 한 사발 올려도 됩니다. 유교적 절차와 같은 형식을 따지는 제례가 아닙니다.

제주도 남원읍 의귀리 속냉이골. 벌초 영역은 말끔히 넓어져 가고, 순례자들 나이는 들어갑니다. 역사는 젊어져 갑니다. 그 젊은 넋들이 약속한 그 마음을 노래합니다.

노란 선인장, 진아영

제주도 한림읍 서쪽 끝 마을 월령리, 그리고 한경면의 시작 판포리. 1948년 4·3당시에는 같은 한림면으로 한 공동체를 이루었던 두 마을. 1956년 한림면이 읍으로 승격되면서 서부 일부가 한경면으로 분리되고 두 마을은 이별(?)하게 된. 지금은 판포초등학교가 폐교되었지만 1980년대까지만 해도 월령리 사람들은 예전처럼 그 학교를 다닌 아이들.

무명천할머니 진아영도 1914년 판포에서 태어나 살다 1949년 1월, 35살에 판포리 집 앞에서 경찰이 쏜 총탄에 턱을 잃고, 이후 이웃마을 월령에서 살다, 2004년 9월 8일 삶을 마칩니다. 선인장 마을로 유명한 월령리에서 선인장 같은 삶을 산 그에게 노래 한 자락 지어드렸습니다. 살아생전 얼굴 한 번 직접 뵌 적 없는 터라 조심스럽게 무심한 듯.

생전 뵌 적 없는 자격이 무슨 할 말이 있을지. 그래도 무언가를 드리고 싶은 마음을 접을 수 없어 혼자든 동행이든 이 마을을 다니고 다니면서 얻은 것은 '고맙수다'입니다. 그저 살아온 그 세월이 고맙고, 그 삶을 통해 우리에게 4·3역사를 전해 준 그 고마움입니다. 노란 선인장으로 핀 그 삶에 노래 하나 지어 드리기 전 낙서 같은 글입니다.

달은 이미 기운지 오래,
어두운 하늘, 빠알간 해무
검고 거친 빌레 우에 노란 선인장 꽃
그저 살아 살아가다 간 내 누이 삶이었나
생전에 하고픈 말 그리도 많을 진대
입이 다쳐 말 못하니 몸으로 말하듯 꽃으로 피었다.
당신도 사랑이 있었나요? 마음을 닫듯 문 걸어두고
ㄱ, ㄴ, ……
자음은 필요 없이
ㅏ, ㅑ, ㅓ, ㅕ ……
모음으로 ㅁ음으로 몸으로 말하네
선인장 꽃을 본 적이 없네
거친 빌레 우에 푸른 선인장처럼 함구의 역사 속에 산 당신
무명천, 함구령, 총탄으로 가린
잊으라고 강요하였다, 말하지 말라 하였다
살아온 세월, 무명천 풀어 꽃잎 날아올랐다.

무덤에서 요람까지

2007년 9월 8일 '진아영할머니'가 돌아가신 지 양력으로 3주기가 되는 날, 순례단은 돌아가신 진아영 할머니의 삶을 거슬러 가기로 하였습니다.

90세 이후 무덤, 35세 턱을 다친 후 생가, 이전 고향인 판포까지, '무덤에서 요람까지'입니다.

할머니 묘를 품고 있는 세미소오름 위 하늘은 완연한 가을입니다. 가장 기본적인 제물을 진설하고, 절을 합니다. 점심을 그 자리에서 넋과 함께합니다. 생전에 많이 먹지 못했을 것을 짐작하는 대화와 넋이 되면 무엇이든 잘 먹는다는 대화가 오갑니다.

금악리 이시돌 목장에 있는 진아영 묘.

진아영 묘를 찾은 순례자들. 왼쪽 패랭이를 잡고 선 사람은 일본인 다카무라 씨다.

　순례동행 중에 오랜만에 할머니를 찾은 이가 담배를 깊게 물며 무덤가에서 홀로 대화를 합니다. 김경훈 시인이 직접 쓴 '여기 무명천할머니 잠들다'라는 추모시를 낭송합니다. 시를 적었던 종이를 태워 '소지사름'을 합니다. 할머니 생가가 있는 월령리로 향합니다.
　두 칸-부엌과 방만 있는 생가. 바로 집 앞을 나서면서도 방문도 걸어 잠그고 출입문도 걸어 잠그던 할머니는 死삶입니다. 집 앞, 할머니의 삶과도 같

할머니 생가 안방에서 시를 옮겨 적는 김경훈 시인.

은 거친 현무암 위에서도 뻗어나가는 무한한 생명력의 선인장 같은 할머니의 삶.

  머물던 집은 아직 전기가 끊기지 않아 준비하고 간 비디오시청을 할 수 있었습니다. 김경훈 시인은 허영선 시인의 '무명천할머니'를 광목천에 옮겨 적습니다. 그리고 다큐멘터리 '무명천 할머니-진아영'에 나오는 테마곡을 연주합니다.

속냉이골, 노란 선인장 197

할머니 생가 부엌에서 기타를 연주하고 있다.

생가를 뒤로하고, 고향 판포를 찾은 순례자들. 제주도 바닷가 마을에는 자주 만나는 바람 타는 낭(나무)을 판포에서도 만납니다. 바다에서 불어오는 바람에 나무가 한라산을 향해 비스듬히 누워있는 모양입니다.

고향 판포는 우리말로 널개입니다. 널개를 그 뜻을 가진 한자를 빌어 마을 이름에 사용하고 있습니다. 학교운동장을 찾았습니다. 김경훈 시인의 막역한 친구인 고성환 판포사람이 막걸리를 내와서 기분 좋은 자리가 되었습니다. 낮술은 좋으나 길게 가면 부모도 못 알아본다고 합니다. 그렇지만 이미 시작된 이야기는 끝갈 줄을 모릅니다.

시간이 얼마 지났는 지는 모르지만 자연스레 역사를 이어가는 순례자들입니다. 지금은 그다지 제 역할을 못하는 마을의 중심, 광고판거리. 그 옆 아름드리 폭낭, 반가운 정낭과 올레, 올레질(길)에 있는 '석창포'까지 전형적인 제주도 농촌마을입니다. 순례자들은 갑자기 지척에 있는 각자 고향에 가고 싶어집니다.

무명천 풀어 이어놓은 길

위 같은 발걸음이 있어서 월령마을과 시민사회단체와 몇몇 개인 등의 노력이 모여서 할머니가 지내던 공간을 새롭게 꾸미고 9월 8일을 기일로 하여 제사도 지냅니다. 가끔은 제사에 가기 전 진아영 할머니가 판포와 월령을 오갔음직한 길 이곳저곳을 들르기도 했습니다.

제주시에서 버스로 1시간 남짓 걸려 월령삼거리에서 내렸습니다. 선인장-백년초 마을이라는 별칭답게 지천이 선인장입니다. 한라산 방향으로 열린 올레길로 걸음을 시작합니다.

제주올레길 이름이 '무명천 산책길'입니다. 그렇지만 이는 우연이었습니다. 진아영 할머니를 연상하게 하는 무명천이 아니라, 올레길을 따라 흐르는 내(川)가 이름이 없다 하여 無名川이었던 것입니다. 헛헛한 마음을 바람 타는 폭낭에 걸쳐 두고 동남쪽 길로 들어섭니다.

어딜 가나 정겨운 제주돌담들. 검은색 현무암으로 툭툭 무심히 쌓은 밭담들은 어릴 적 아버지와 쌓던 추억을 떠올리게 합니다. 농사를 지을 수 없는 빌레왓을 지나 무덤이 있었던 못자리를 보면 멍해집니다. 거의 머들-밭에

할머니 고향인 판포마을을 방문한 순례자들. 폭낭 아래 시멘트로 된 광고판이 이채롭다.

자갈을 쌓아 놓은 수준이 되어 버려 천리를 한 지 세월이 꽤나 돼 보입니다. 저 묘의 주인은 어디로 이사 갔을까? 스스로는 안 되고 산 자의 선택으로 이사를 할 수밖에 없는 넋들.

    길은 오른쪽으로만 휘어지더니 세 갈래 길을 마주합니다. 오른쪽이면 다시 월령, 왼쪽이면 널개(판포)오름으로 가는 길입니다. 어릴 적 어머니는 삼거리를 시커리라고 했습니다. '가당 보민 시커리가 나온다'고 했습니다.

할머니 고향인 판포를 가기로 한 거니까 왼쪽을 선택하니 길은 다시 왼쪽으로 데와지고(틀어지고) 오른쪽으로 데와지기(틀어지기)를 반복합니다. 백일홍, 산디(밭벼)와 선인장. 산디라고 하거나, 나룩(벼)이라 하거나, 밭벼들이 고개 숙여 수확을 기다리는 가을 들녘입니다.

길은 다시 삼거리. 왼쪽이면 저지리 수동성에 대한 순례 기억과 연결되는 조수리. 쉼팡이 있습니다. 나무 그늘로 된 자연 쉼팡이 아니라 인위적인 쉼팡입니다. 농사를 위해서 밭에 그늘이 드리워진다고 큰 나무들을 잘라 내다 보니 오히려 다시 쉼팡이 필요해진 경우입니다.

적당히 쉬었으니 널개오름을 북쪽 기슭으로 오르는데 묘지 입구에 돌하르방과 해녀상이 있어서 좀 신기했습니다. 멀리 비양도도 보입니다. 오름분화구 안은 죄다 밭입니다. 오름은 남동쪽으로 해서 한라산을 향해 터져 흘렀습니다. 그래서 말굽형 분화구를 가지고 있습니다.

제주도 여느 오름과 마찬가지로 오름 정상에서는 한라산을 바라봅니다. 마치 자식이 어머니한테 문안하듯. 한라산 방향으로 오름들이 손을 뻗으니 손톱 끝에 걸칩니다. 한라산 중턱에 솟은 오름이 진아영 할머니 무덤에서도 만났던 한림읍 금악리에 있는 검은오름(금악)입니다. 북쪽으로는 월령리, 그 옆으로 금능과 협재, 멀리 한림리가 보입니다. 저지오름 너머로 남송이, 문도지 등 동광마을 주변 오름들과 상명리에 밝은오름, 월림리 늡서리오름, 그 앞으로 정월오름까지. 그리고 뒤돌아 보면 고산리에 당산봉과 와도, 차귀도, 용수마을 등이 보입니다. 널개오름 정상 소나무 사이로 해가 떨어집니다. 마치 소나무에 동백꽃이 핀 것마냥 곱습니다. 영혼들이 오갔음직한 길을 걸어 내리니 멀리 해가 넘어 가는 방향으로 판포마을이 보입니다.

할머니가 살았던 판포리 동동네입니다. 길을 사이에 두고 멀리 폭낭이 일렬

할머니가 나고 자란 고향 판포마을 올레에 가로등이 정겹다.

로 자라는 곳에 달구경하는 월대도 있습니다. 그 방향으로 걸음을 접습니다.
 어린 시절 진아영 할머니가 뛰어놀았을 마을길로 들어섭니다. 할머니가 살았던 올레를 마주하고 섰습니다. 지금까지 걸어온 이 길을 할머니 걸음으로는 얼마만큼의 거리일까?
 이 마을에서 총격이 있었다니. 그 총이 할머니 턱을 빼앗고, 삶을 뭉개고, 고단한 세월을 강요하였다 생각하니 먹먹한 가슴 어쩌지 못하겠습니다. 올레를 오래 마주할 자신도 없이 힘이 빠져 몸이 축 처짐을 느낍니다. 이 평화로움 앞에서 총질이라니….

턱을 빼앗음은 침묵으로 살라는 함구령을 상징하나요? 그러나 할머니는 말을 못하는 입이지만 몸에 새겨진 당신의 기억으로 우리에게 그 역사를 전해 주었습니다.

고맙습니다. 살아온 세월. 월대에서 바라본 마을로 가로등이 들어오기 시작합니다. 길을 재촉합니다. 이제 할머니가 고향 판포를 떠나 월령으로 가는 그 길을 걸어 갈 것입니다.

초가집 이문간을 지나 할머니의 시선으로 걷습니다. 할머니는 지금 이 나지막한 동산 위에 오름을 한번쯤 보았을 것입니다. 그리고는 마을로도 뒤돌아 한번 보았을 것입니다. 그리고는 이제 걸어갈 길을 바라보며 무슨 생각을 하였을까요.

판포마을 노을은 붉지 않고 회색빛이었습니다. 화염에 휩싸인 마을처럼 말이지요. 다시 한 번 마지막으로 마을을 돌아보고 다시 되돌아보니 멀리 비양도가 먼저 눈에 듭니다.

월령마을 서쪽길로 들어서니 할머니 생가는 올레를 수은등으로 밝히고 손님들을 기다리고 있었습니다. 마을 입구 가게에서 제사상에 올릴 술을 사고 뒤늦은 순례자들을 기다립니다.

순례자들도 당연하듯 가게를 향합니다. 제주시에서 사고 오는 게 아니라 마을에서 삽니다. 가게 주인은 작년에도 술을 파셨는지 합류한 순례자들을 알아보십니다. 그리고는 술값도 깎아 주십니다. 또 올 거라면서. 조금은 어색하였지만 따뜻한 마음에 고개를 숙입니다.

무명천을 얼굴에 맨 채 찍은 사진의 모습으로 할머니는 우릴 맞이하셨습

월령리 생가터에 9월 8일 제사 준비로 마당에 불이 밝혀있다.

니다. 그 앞에 절을 합니다. 제사는 박용수 이장님을 중심으로 마을 차원에서 준비하고 있습니다. 모두가 자손이란 마음입니다. '백조일손'-백할아버지의 한 자손이란 말이 떠오릅니다. 그 마음 변치 말길 바라며 순례자 중 한 분이 뿌듯해합니다. 멀리 일본에 사시는 할머니 조카 분도 오셨습니다. 건강상 이유로 잠시 마을에 오셨다고 하는데 건강하셨으면 좋겠습니다.

지난 2004년 9월 8일, 무명천-진아영 할머니가 돌아가시자 문득 든 생각. 그 죽음이 이어놓은-무명천 풀어 이어놓은 그 공동체가 궁금하여, 그래서 걸었던 길이 있습니다.

판포포구를 출발하여, 엄수개물-널개바당질-손덧물-축일당-금등리사무소-학교길-판포초등학교 옛터-판포리사무소-중동-신동-수장동4·3성터-널개오름-전동-진아영 할머니 고향집-상동-할머니길-월령리사무소-월령 안길-무꺼진물-4·3성터-검덕머리-진아영 할머니 삶터까지.

역사의 아픔을 온몸으로 기억하다 그 무명천 풀어 헤쳐 비로소 우리에게 알려 준 당신의 역사. 그 역사를 걸으며 할머니가 전해준 거친 빌레 위의 노란 선인장의 희망을 느낍니다.

"할머니의 관은 너무나 가벼워서 혼자서도 들 수 있을 정도였습니다. 관은 심히 가벼웠으되, 삶은 온통 무거웠으리. (시인 김경훈)"

약속-산전의 노래
(2003)

최상돈 글, 곡

속냉이골, 노란 선인장

노란 선인장-진아영
(2004)

최상돈 글, 곡

死삶, 다랑쉬와 영모원

닮은 듯 다른 기억 전승

4·3역사에 대한 가늠도 없던 시절이 있었다. 눈물로 나누던 대화를 해야지만이 나오는 소중한 증언들, 그를 통해 만들어진 소설 '順伊삼촌(현기영 작)', 강요배의 '동백꽃 지다'. 그리고 1980년대 서슬 퍼런 공안당국 협박에도 굴하지 않고 탄생한 놀이패 한라산의 '사월굿 한라산'을 시작으로 발표되는 연작들. 기억은 글이 되고 그림이 되었다. 또다시 글은 노래가 되고 그림은 몸짓이 되었다. 이렇듯 역사는 예술 작품들을 통해 시나브로 나타난다.

死삶은 이렇게 현상(現想)은 많으나 현신(現身)은 없었다. 현실과 상상 사이 경계에서 역사적 실체를 표현하는 예술가들. 그들은 어쩌면 과거를 간접 경험하고 있기도 하다. 그러다 보니 스스로도 모르는 트라우마에 빠져 고통받기도 하고. 가끔 직접 체험자인 양 지나침이 타인에게 영향을 주기도 한다. 알게 모르게 진행되는 기억전승들이다.

1980년대 애월읍 어음리 빌레못굴에서 4·3희생자로 추정되는 유해가 발견되었다. 서슬 퍼런 전두환 군부독재 시절, 우리에게는 어린, 그리고 지난 기억이다. 오히려 역사시간이 가까운 5.18광주항쟁 이야기를 많이 하던 때다. 그러다 1992년 다랑쉬굴이 발견되고 이전 희미하던 역사적 실체가 나타난 것이다.

다랑쉬굴 유해가 세상에 나오면서 비어 있던 역사, 死삶은 조금씩 채워지기 시작했다. 그러나 아직 다랑쉬는 비어 있는 듯하다. 비어 있다. 이 말 속에는 빔도 존재라는 것일까? 다랑쉬마을을 순례할 때마다 밀려오는 아쉬움, 발견 당시 역사를 대하는 모심에 대한 분노가 아직 남아 있는 게다. 그 모심에 대한 분노는 세월 감에 섭섭함 정도로 내려가긴 하였다.

다랑쉬굴 11구 유해는 당시 행정당국이 약속을 어기면서 바다에 뿌려졌다. 지금은 다랑쉬 역사를 찾는 발길도 많아졌고, 다랑쉬오름을 오르는 이들도 많아졌다. 하지만 돌아올 수 없는 사람들을 억지로 마중나갈 순 없는 노릇이다. 다만 순례

다랑쉬마을에 순례자가 세운 목비.

자들은 다랑쉬를 기억하는 마을 터와 그곳에 존재하는 생명들에 인사하며 그에 고마움을 표하며 역사를 마중하고 있다. 다랑쉬는 그렇게 역사의 검은 빛이 만든 흰 그늘로 남아 있다.

역사를 맞는 마음이 남다른 하귀리에 가면 꽃을 모아 모신 '영모원'이 있다. 다랑쉬마을과는 거리상 1시간 이상 떨어진 곳이다. 억지로 길을 만들겠다고 둘을 선 그어 이을 필요는 없다. 하지만 연결성이 별로 없어 보이는 두 곳이 이어질 수 있는 게 4·3역사이다. 역사가 死삶처럼 대비되는 좌우 이념

마을 들녘 다랑쉬굴 너머로 용눈이오름이 보인다.

적 굴레를 벗어나려면 그 죽음과 삶을 이어 놓아야 한다.

死삶, 흑 아니면 백이라는 이념적 굴레로 역사를 바라보는 것을 극복해야 한다. 그래야 삶은 없고 죽음만 회자되는 불편한 역사도 넘을 수 있다. 4·3 역사에 정의로운 역사가 되려면 死도 삶도 역사가 되어야 한다. 역사를 기억하는 사람이 있다면 그 기억을 통해 언젠가는 정의로운 역사를 마중 가는 날도 오겠다.

영모원을 통해 보면 다랑쉬마을은 텅 빈 들녘입니다. 하지만 오히려 실체는 남아 있는 공간. 다랑쉬마을 들녘 굴속에는 아직도 그날을 살던 사람들의 흔적들-식기를 비롯한 살림살이들이 존재하고 있다. 역사를 마중 가는 순례, 기억을 전승하는 '모심'에 대한 이야기. 닮은 듯 다른 두 역사를 이어가보자.

달 떠오면 떠오르는 기억

제주도 북동쪽 구좌읍에는 오름의 여왕이라 불리는 '다랑쉬오름'이 있다. '달이 솟는다'라는 뜻을 지닌 '다랑쉬'. 그 다랑쉬오름에 오르면 옹기종기 이웃한 오름들과 그들을 품어 주는 한라산까지 볼 수 있다. 그야말로 평화다. 그래서 달이 좋고 오름이 좋은 사람들 중에는 매달 보름날이면 이곳 다랑쉬마을을 찾곤 한다. 그러나 다랑쉬마을은 사람이 살지 않는다.

사람이 살던 집터에는 남은 대나무와 그 집터를 드나들던 올레만이 희미하게 남아 있고, 그 올레들을 이어주는 마을길, 마을 한가운데 폭낭(팽나무), 그 폭낭 아래서 죽어 간 벙어리를 기억하던 우물, 생명수였던 그 우물도 말라붙은 지 오래. 텅 빈 마을을 지키던 폭낭도 고사되어 버렸다. 그 옆에는 역사에 대한 책임 주체가 애매하게 기록되어 있어서 다소 무책임해 보이는 '잃어버린 마을-다랑쉬-' 표석만이 쓸쓸하게 대나무 바람을 맞고 있다.

잃어버린 마을 -다랑쉬-
여기는 1948년 11월 경 4·3사건으로 마을이 전소되어 잃어버린 북제주군 구좌읍 다랑쉬마을 터이다. 다랑쉬라는 이름의 유래에 대해서는 여러 가지 설이 있으나 '마을의 북사면을 차지하고 앉아 하늬바람을 막아주는 다랑쉬오름(月郎峰, 높이:382)의 분화구가 마치 달처럼 둥글게 보인다' 하여 다랑쉬라 붙여졌다는 설이 가장 정겹다. 주민들은 산디(밭벼), 피, 메밀, 조 등을 일구거나 우마를 키우며 살았다. 소개되어 폐촌될 무렵 이곳에는 10여 가호 40여 명의 주민이 살았으나 인명 피해는 없었다. 지금도 팽나무를 중심으로 못 터가 여러 군데 남아 있고, 집터 주변에는 대나무들이 무더기져 자라 당시 인가가 어디에 있었는 지를 짐작하기 해준다.

한편 이 마을은 1992년 4월 팽나무에서 동남쪽으로 약 300m 지점에 위치한 다랑쉬굴에서 11구의 시신이 발굴되면서 도민들에게 4·3의 아픔을 다시 한 번 새겨주었다. 당시 시신 중에는 아이 1명과 여성 3명도 포함되어 있었다. 증언에 의하면 이들은 4·3의 참화를 피해 숨어 다니던 부근 해안마을인 세화리와 종달리 출신들로 1948년 12월 18일 희생되었다. 지금도 그들이 사용했던 솥, 항아리, 사발 등 생활도구들은 굴속에 그대로 남아있다.

다시는 이 땅에 4·3사건과 같은 비극이 재발하지 않기를 간절히 바라며 이 표석을 세운다.

2001년 4월 3일
제주4·3사건진상규명및희생자명예회복실무위원회 위원장
제주도지사

표석 전문이다. 불편하다. '잃어버리다'라는 표현도 불편하고, 표석 전문 어디에도 '누가 어떻게'라는 주격 없는 설명이 불편하다. 삶에 소홀하여 무책임하게 잃어버린? '잃어버린 마을 표석 세우기' 사업 초기, 당시만 해도

토벌이라든가 학살이라든가 소개라든가에 대한 책임 주체를 적어 넣지 못하던 행정당국 눈치 보기가 불편하다.

다행히 이후 해마다 진행되는 이 사업은 달라지는 4·3역사에 따라 그 내용도 많이 구체적이다. '잃어버린'이란 표현도 없는 경우도 있고, '군경토벌대'라는 토벌 주체도 명시되고 있다. 잃어버린 마을이란 표현은 4·3 당시 토벌대의 토벌 과정에서 불타 없어지거나, 사라진 마을을 일컫는 일반적 표현이다.

하긴 대한민국 정부로부터 잊혀질 것을 강요받고, 그 긴긴 세월 속에 감정도 무뎌지고 기억도 희미해졌으니 잃어버린 이라 한들. 제주섬 사람들은 그렇게 기억과 멀어지면서 역사를 살았던 것인데. 그리고 후손들은 그 역사에 대한 무지라던가, 다가감에 소홀하였으니 잃어버린 마을이 영 틀린 말은 아니다.

다가가지 못한 역사, 그래도 이 모든 것이 역사라서 다행이다. 그동안 소홀함에 반성하며 늦은 게 아니라 역사이기에 그 역사를 간직한 다랑쉬마을을 순례 가자. 다랑쉬마을은 다랑쉬오름 위로 뜨는 달을 통해 순례자들을 오라 오늘도 말을 걸고 있다.

잃어버린 마을, 다랑쉬

달이 뜨면 다랑쉬를 갑니다. 다랑쉬오름에 달이 솟으면 마을은 대낮입니다. 그 달빛에 순례동행들은 걷습니다. 서로 말은 없어도 풀벌레 소리 들으며 달빛 아래 걷습니다. 마을길을 지나고 올레들을 스치면서 대나무 숲이 들려주는 얘기를 듣습니다. 멀리 용눈이오름 위로 둥실 달이 가깝습니다.

왼쪽 사진 다랑쉬마을 '잃어버린 마을' 표석 옆으로 마을 한가운데서 우뚝하던 팽나무도 삶을 다했다.

다랑쉬마을 터의 집으로 가던 올레와 마당은 야채밭으로 변했고, 이곳이 집터임을 알려주는 대나무 숲만 푸르게 자리를 지키고 있다.

달빛 아래로 다랑쉬굴이 보입니다. 그 앞에 순례자들이 서 있습니다. 어음리 빌레못굴에 앞에서 느꼈던 그 기운과는 다른 듯 같은 바람이 붑니다.

    빌레못동굴이 숨을 낸다. 따뜻하다. 깊다. 그 깊은 숨 바람이 된다. 달이진다. 춥다.

    ♬ 헛묘의 노래 (최상돈 글, 곡)
    동굴 앞에 불을 피워 연기 들여보내 죽음을 확인하는 총소리에

숨이 막혀 고통 받는 가족 끌어안은 빛이 없는 동굴 속엔 반짝이는 뼈만
훠이 훠이 훠이 훠이
갈가마귀 떼야 저리 가거라 꽉 막힌 동굴아 열려라

동굴 입구에 사건을 설명하는 표석이 눈에 듭니다. 2002년 4월 5일, 다랑쉬굴 유골 발견 10주년을 맞아 제주민예총에서 유족들을 모시고 다랑쉬굴 현지에서 '해원상생굿'을 한 후 세운 것입니다. 굴속 정황을 그린 그림이 세월에 헤진 채 표석에 붙어 있습니다. 단추, 버클, 의복, 비녀, 안경, 가죽신, 일본군화, 됫병, 작은병, 자귀, 횃불통, 호리병, 양푼, 반합, 식칼, 솥, 놋숟가락, 쇠스랑, 젓갈단지, 호미, 놋접시, 철사뭉치, 석쇠, 나무밥주걱, 허벅, 사기그릇, 접시, 간장항아리, 솥뚜껑, 나대, 곡괭이, 가위 등. 다랑쉬굴은 피난처이자 희생 터입니다.

고향을 떠나 살던 분들이 타향에서 죽어, 타향 바다에 유해가 뿌려진 이야기가 있습니다. 다랑쉬에서는 제를 지냅니다. 향도 피우고, 절도 하고, 노래공연도 하고, 진혼하는 몸짓을 나눕니다. 그리고 음복을 합니다. 물론 죽음에 대한 예의이며 그 죽음을 품어 기억하다가 우리에게 전해 준 자연에 대한 고마움의 행위입니다.

1992년 다랑쉬굴 희생자가 43년 만에 세상에 알려지던 해, 다랑쉬오름을 오르다가 마을 돌아보았을 때 대나무 숲들이 들려준 바람 소리가 노래가 되었습니다. 이 노래를 이곳에서 다른 이들에게 들려준 적이 있습니다. 문화유목민. 제주섬 밖 뭍에서 온 예술가들과 함께 섬을 순례하는 사업이었습니다. 마임이스트와 인형을 만들어 조작하는 연극인과 함께 현장 워크숍을 통하여 공연을 하기로 하였습니다.

다랑쉬마을 터에서 다랑쉬굴까지 길놀이 하는 순례자들.

　인형을 앞세우고 마을을 돌아다니며 올레를 찾아다니며 노래를 하고 춤을 추다가 마지막 올레를 지나 집터에 머물렀습니다. 노래를 하였습니다. 동행한 다른 예술가들에게 인사를 하고 공연을 마쳤는데, 인형을 들고 공연하던 배우가 인형을 챙기지 못하는 것입니다. 마을을 돌고 돌아 어렵게 집에 오면서 인형은 생명체가 되었던 것입니다. 빙의. 눈물을 머금은 그 배우 대신 다른 배우가 인형을 챙겨서야 마무리가 되었습니다.

　예술 행위에는 치유적 성격이 있습니다. 그날 우리가 한 행위는 굿이었습니다. 그 인형은 영혼을 대신하는 '영갯기(제주도 굿에 나오는 종이탈의 하나)'였습니다. 굿을 하는 현장에서는 기원이 이루어집니다. 달 뜨는 보름날, 달 솟는 다랑쉬마을을 찾거나 인근 용눈이오름이나 다랑쉬오름을 오르는 사람들이 있습니다. 그렇듯 달은 사람들에게는 어떤 대상 이상의 동질적요소인가 봅니다. 하지만 제주섬 12월에 뜨는 달은 유난히 어둡습니다.

표선면 토산리 달보라

예전에 순례자들과 함께 12월 달을 이야기하며 다랑쉬마을과 성읍리, 가시리를 거쳐 토산리를 순례한 적이 있었는데, 돌아오는 길에 동녘 하늘로 솟은 보름달이 적갈색으로 보이던 기억이 있습니다. 1948년 12월 18일은 다랑쉬에도 토산리에도 적갈색 빛이었습니다.

> 토벌대는 1848년 12월 14일 토산리 주민들을 모두 공회당에 모이라 했다. 그중에서 18세 이상 40세 미만의 남자를 불러 모아 결박했다. 젊은 여자들도 따로 불려갔다. 이날 주민들과 함께 향사에 집결했던 김상보 씨는 "남자들을 불러낸 후 여자들에게는 모두 달을 쳐다보라 했다. 그날은 음력 보름날이어서 달이 밝았다. 군인들은 고개를 들지 못하는 처녀들을 끄집어냈다."고 증언했다. 이들은 표선리 군부대에 끌려가 유치장에 수감되었다. 남자들은 18일과 19일 이틀에 걸쳐 표선백사장(한모살, 당캐)에서 집단학살 당했다. 여자들은 일주일 후 마찬가지로 표선백사장에서 총살당했다.
>
> -제주4·3유적. 제주도/제주4·3연구소

1948년 12월은 양력과 음력이 사이좋게 나란히 같은 날이었습니다. 2007년 12월, 달이 뜨던 토산리 비석거리에는 충혼비와 함께 세월에 헤진

토산리에 뜬 12월 달.

태극기가 펄럭이고 있었습니다. 언덕진 마을길을 내려 바닷가를 가면 토산 2리 앞 바닷가 너븐개 공원에 어머니가 아기구덕(대나무로 엮은 제주식 요람)에 아이를 재우는 모양의 모자상(母子像)이 있습니다.

어머님!
저희들을 이토록 키워주셔서 진심으로 감사합니다.
나라가 어지러우면 백성은 수난을 당하는 법!
1948년 4·3사건으로 인하여 토산리 거주 리민은 만18세부터 만40세까지 참

토산리 바닷가에 세워진 모자상.

혹한 죽음을 당하셨다. 다행히 살아남은 우리의 어머님들은 "텅" 비어 있는 초가지붕 밑에서 젖먹이 아이! 철없는 어린 자식을 품에 품고 사면이 고요히 잠든 밤하늘의 별과 달을 쳐다보며 몇 년을! 몇 십 년을! 말 없이! 우셨는고!

이십대의 젊은 나이였기에 저희들을 버리고 다른 데로 가서서 행복하게 사실 수도 있었으련만 풀잎에 베일 새라 풀뿌리에 채일 새라 금지옥엽으로 우리들을 키우셔서 표선면 제일의 고소득 마을을 만들어낸 역군들을 만들어 주셨습니다.

까만 머리 백발로 변하시고 허리 굽고 얼굴에 깊은 골이 패었어도 지난날을 뒤

돌아보시며 한치도 후회하심이 없이 마디 굵은 손으로 손자를 어루만지시는 자비로운 어머님을 뵐 때 우리 리민들의 가슴을 적시어 드는 이 세상 제일의 어머님이라고 자랑스럽게 생각하며 뜻을 모아 이 모자상을 세웁니다.

2002년 12월 증 김승률

 토산리 사람들의 마지막 이야기가 있는 표선 한모살 백사장으로 떠나면서 순례자들은 마음 구석 떠오른 게 있습니다. 당 유족이 아니면서도 다만 고마운 마음 하나 어쩌지 못해 조각이라도 세울 수 있었다는 김승률(2002

표선 한모살 기억은 강요배 선생에게 '붉은바다'라는 그림을 낳게하였다.

년 69세) 씨 마음이 하귀리에 있는 영모원으로 가 닿습니다. 토산리는 제주섬 동남쪽, 하귀리는 제주섬 서북쪽. 이어집니다.

꽃진 기억 꽃피운 마을

하귀리 영모원의 가치가 빛나는 이유는 무엇보다도 마을공동체 복원을 우선하여 항일운동가는 물론, 4·3당시 희생된 군경을 포함한 모든 마을사람들을 한 곳에 모셨다는 게 모범이다. 항일독립운동이 4·3항쟁으로 이어졌듯이, 이제는 역사를 어떻게 맞이할 것이냐, 그 모심이야말로 21세기를 이끌어 갈 미래가치다.

일제강점기 제주도내에서 항일운동가가 많이 배출된 곳을 들라 하면 조천을 꼽는다. 하귀, 대정, 중문, 성산 등을 꼽는 이들은 많지 않다. 그도 그럴 것이 조천에는 만세운동을 비롯한 제주지역 항일운동을 기념하는 '제주항일기념관'이 있고, 행정 차원에서도 독립운동가 생가 터 표석 사업 등 지원도 많아지면서 항일 이미지가 갖춰져 있기 때문이다. 군사문화가 많아 낡은 '반공' 유적지로 차별화를 꾀하는 대정 등. 언젠가 4·3이 정의로운 역사가 되면 그땐 우리 마을이 4·3의 대표마을이라며 나설 날이 올 지도 모를 일이다.

원래 혼올레, 하귀리

순례를 다니다 보니 궁금해진 마을이 많아져 갑니다. 그중 하귀리가 궁금하였습니다. 4·3노래를 만들고 부르면서도 하귀리와는 만남이 적었던 탓에 죄송한 마음도 있었고 해서 그렇게 떠난 순례길입니다. 그래서 오늘은 노래 부르는 것도 삼가고 그저 책을 들고 다니면서 순례할 곳을 찾을 예정입니다.

시집 두 권을 챙겼습니다. 김경훈 시인의 '고운 아이 다 죽고'와 허영선 시인의 '뿌리의 노래'입니다. 늘 만나서 출발하던 4·3해원방사탑앞에서 오늘은 누가 동행이 될까 하며 기다리는 동안 주변을 사진기에 담습니다. 가을이 깊어져 겨울에 드는 계절, 은행나무가 가지만 남고 잎을 죄다 땅에 뿌려놓아 노랗습니다.

하귀리는 일제강점기 민족교육운동을 위한 야학운동이 활발했던 마을이다. 교육운동은 해방 후에도 이어졌으며, 읍면마다 초등학교와 중학원이 세워지던 1945년 10월에 하귀리 청년들도 하귀중학원을 설립하여 중등교육을 시작한다. 이웃한 애월중학원, 조천중학원과 함께 제주시에서 열리는 28주년 3.1절 기념대회에도 주도적으로 참여하기도 한다. 그날 발포사건에 항의하는 민관총파업 이후 전도에 걸친 검거선풍으로 하귀초등학교 김용관 교장이 체형 6개월을 언도받았고, 후임으로 서북출신 교장이 부임하자 학생들은 동맹휴업을 한다. 1947년 8월, 경찰은 하귀중학원생과 국민학생 10여 명을 남로당 세포조직 혐의로 체포한다.

-제주4·3유적. 제주도/제주4·3연구소

하귀초등학교를 지나 수산리를 오르는 길가에는 비석이 하나 있었습니다. 學生姜公斗湖追慕碑. 4·3당시 19세 나이에 경찰에 끌려갔다 행방불명된 강두호를 추모하기 위한 것입니다. 비문에는 '서기 1948년 11월 경 본도 4·3사건 당시 실종'이란 내용이 포함되어 있습니다. 1973년에 세워진 비석이니까 주어는 당연히 적지 못하였겠지요.

비학동산

붉은질학살터를 지나 도착한 곳은 학원동 마을회관 앞입니다. 일명 비학동산이라 불리는 곳입니다. 4·3연작그림 '동백꽃 지다'를 그린 강요배 선생의 '부모들'이란 작품을 본 적이 있었습니다. 이상하게 낯설지 않은 나무라는 생각이 들면서 비학동산에 있는 폭낭(팽나무)이 떠올랐던 기억이 있습니다. 예전에 우연히 이 길을 지난 적이 있었는데 그때는 비학동산에 대한 이야기도 모를 때였습니다.

하귀리 비학동산 학살의 기억은 강요배 선생에게 '부모들'이라는 그림을 낳게 했다.

그 때 본 그림 '부모들'은 오히려 다랑쉬마을 노래를 만들면서 '동구 밖에 팽나무 가지 위로 목이 메이고'란 가사를 만들게 하였지요. 그 비학동산에 있는 폭낭(팽나무) 아래서 동행중 한 사람이 김경훈 시인의 시 '그날의 일기'를 낭송합니다. 1948년 12월 10일 이곳 비학동산에서 벌어진 학살 일기입니다. 군경토벌대가 사람들을 이곳 폭낭에 매달아 죽이던 이야기입니다.

- 사름덜 죽은 옆이서 살젠 허난 어떵 안헙디가?'

- 그 사름덜 그디 실리가 셔, 다덜 다른 디로 갓주. 의식허지 안허멍 살아서.
- 경해도.
- 건디 오멍가멍덜 저 폭낭이 사름 매달안 죽은 낭여 허멍 수근대고 하길래, 성가셔서 의논허연 그챠 불엇주. 회관 지을 땅도 아쉬웠고. 4·3이 영 될 줄 알아시믄 고만이 놔둬시컬.(웃음). 경허연 회관 지으멍 섭섭허연 다른 폭낭을 옮겨다 심엇주.

그날의 일기를 들려 준 마을 어른과 나눈 대화입니다.
그날의 일기를 기억하고 싶지 않아 일기장을 찢어 버리듯 마을 사람들은 나무를 잘라 내었던 것입니다. 그렇지만 그 잘라 낸 마음에 섭섭함은 또 다른 아픈 기억이 되어가기에 대신할 수 있는 또 다른 나무을 심었습니다. 물론 다 채울 순 없지만.

태아, 무덤

폭낭 아래 앉아 이런 저런 이야기를 들려주시던 삼촌이 멀리 한라산이 보이는 방향으로 어딘가를 가리킵니다. 그날 희생된 임산부와 태아가 묻혀 있는 곳이 저기라 합니다. 태아 무덤이라니. 나무에 매달린 채 죽어간 어미 몸에서 분리된 태아-한 줌 훔쳐 어미 옆에 묻어주었다고 합니다.
한참을 멍 뚫린 채 있던 우리는 마음을 다스리며 삼촌을 따라 소나무가 보이는 억새언덕으로 이동하였습니다. 한라산이 보이는 바람 부는 억새언덕 위 소낭(소나무) 아래, 어미무덤 너머 작은 태아무덤이 보입니다. 동행 중 한 사람이 도착하자마자 알아서 스스로 잔을 올립니다. 태아무덤 앞에는 음료수를 드립니다.

동행한 삼촌은 말없이 위치만 손으로 전해 주고는 이내 돌아서 가십니다. 비학동산에 가면 절을 합시다. 역사를 대신 기억해 주는 어린 팽나무에 절을 하고, 멀리 억새동산에 누운 태아와 어머니 곁에 있는 소나무에 절을 하고, 마지막으로 한라산을 향해 절을 합시다.

그 여자, 무릉인가 대정 사름인데
절간에서 남잘 만나 이곳 개물로 시집온 지 얼마 되지 않아, 서방을 잘못 만났
는지 비학동산에 모이라는 소릴 못 들었는지, 늦게 나왔다는 이유로 죽은
폭낭에 양 겨드랑이로 몸을 의지하여 매달려
대검에 찔리면서, 무엇을 할 수 이섯을까
그리고
배속
아
이
는
어른 봉분 옆 어깨춤 야트막한 무덤, 한 줌 되나마나 한
덜 생명
너도 숨을 쉬었지
그게 너의 전부지
니가 할 수 있는 건
오직 숨을 쉬는 것
너도 뼈는 있었지
그게 너의 전부지

니가 여기 남긴 건

녹아내린 뼈 조각

숨이 잘못 멎어서

세상 구경 못하고

어미 아직 못 만나

여기 옆에 누웠지

그래, 어쩜 그것이 잘된 일인지 몰라

여기, 너랑 있으니

아가, 서천꽃밭을 가자

생명꽃을 따다가 번성꽃을 따다가 환생꽃을 따다가 제주섬에 뿌리자

너는 뼈가 있으니 살살꽃을 따주마

태아무덤에 드린 진설, 사과 세 개.

싸늘한 날씨와 북받쳐 오는 감정으로 순례에 동행한 사람들 모두가 울음을 참지 못합니다. 절을 하고 음복을 하는데, 평소 술을 못하는 벗들조차 한 모금씩 합니다. 일어서기 전 동행들은 태아무덤 앞에 사과 3개를 고스란히 놓고 일어섭니다. 종일 흐리고 쌀쌀하던 날씨가 서쪽하늘 구름 사이로 해가 비치더니 바람도 잦아듭니다.

하귀리 사람들의 마음이 모인 영모원.

꽃동산 영모원

영모원은 말 그대로 '꽃을 모은 동산'입니다. 동백꽃이건 진달래건 무궁화건 목난이건 살아도 꽃, 죽어도 모두 꽃입니다. 위령단에 가져 간 음식들을 진설하고 고창선 할아버지와 함께 제를 지냅니다. 중간 중간 제주공항을 이륙한 비행기가 머리 위로 날며 내는 굉음이 우릴 누릅니다.

- 노래, 드려도 되쿠과?

할아버지는 대답 대신 위령단 앞으로 먼저 가 서십니다. 동행들도 따라 섭니다. 간단한 음복 후 나오는 길, 삼촌 자랑이 이어집니다. 마을을 걸궁하며 돌았는데 3천만 원 이상 모였다는 것은 대단한 일이라며, 듣다 보니 어쩌면 삼촌은 이 이야기를 들려주고 싶었겠다 싶습니다. 부모가 무장대에 희생당한 서울서 기업하는 사람은 4·3과 자신은 전혀 무관하다고 하다가 영모원 조성 배경과 취지를 알고 나서는 큰 기금을 하였다는 말도 있지 않습니다.

순례동행 중 생명을 잉태한 임산부가 있었습니다. 노란 잠바를 입고 희망을 품은 그는 동행들에게 고맙다며 그날 저녁을 자신의 집에서 대접하였습니다. 그리고 우리에게 저녁을 대접하는 것과 같이 부엌에 자그마한 상을 마련하더군요. 오늘 순례길에서 만난 영혼들과 비학동산 그 여인, 그리고 그 아이를 위한 상입니다. 참 고운 마음입니다. 부디 고운 아이를 낳아서 건강하게 키우길 빌며 순례를 마무리했습니다.

역사를 모심

〈적의 무덤 앞을 지나더라도 고개를 숙이라〉 했습니까? 일제강점기 때 자신의 마을에 살던 일본군이 죽자, 그 무덤에 벌초를 하던 고향 사람이 생각납니다.

제주사람들은 이렇게 4·3을 스스로 기억하는 방법을 찾으려 노력하기도 합니다. 잊으려고 해도 잊지 못하는 역사이기에 차라리 기억할 수 있는 방법을 찾는 것, 그것이 하귀마을이 선택한 해원이고 상생입니다. 그것이 영모원을 세우게 된 힘이라 생각해 봅니다.

하귀리 학원동 사람들은 마을 가운데 있는 비학동산에서 한라산으로 솟는 달을 구경하였을 것입니다. 이곳 비학동산에서 다랑쉬마을의 달을 떠올립니다. 달 보며 이별하던 토산리 비석거리를 떠올립니다. 해원을 기원하는 달이 매달 보름마다 솟길 바랍니다.

언젠가 조천읍 신촌리 바닷가에서 순례동행들과 일락서산과 월출동령이 서로 마주하였을 때 그 감흥을 떠올려 봅니다. 해가 지면 어둠이 아니라 또 다른 밝음을 만드는 달이 솟기도 합니다. 다랑쉬마을에 달이 뜨면 그 밝음이 주는 평화에 술 한 잔 올리렵니다.

고향-다랑쉬마을
(1992)

영모원
(2017)

그해 겨울, 봄맞이처럼

겨울
헤어짐도 갈라섬도 없는. 미움도 아닌 대결도 아닌, 긴장은 더욱 아닌 섬 그대로의 평화를 향한 기원. 돔박꽃이 돔박새를 만나 사랑을 주듯, 섬에서 시작된 평화가 생명꽃으로 피어 바다를 건넌다. 노래한다.

마중
언제부터인가 점점 잊혀지는 기억. 그 아름답고 가슴 아린 그리움. 겨울눈 녹여 핀 눈색이꽃의 노란 희망, 그 눈물은 눈물 되어 바다를 만납니다. 제주바다를 넘고, 임진강을 건너 현해탄을 갑니다.

기원
하늘에서 땅에서 물에서, 그렇게 다시 만난 우리. 헤어짐도 갈라섬도 없는 땅에서, 미움도 대결도 아닌, 긴장은 더욱 아닌 평화 그대로의 평화를 위하여, 그 생명꽃의 이름으로 우리는 오늘도 노래합니다.

10. 제주섬, 이어도 緣由

    1. 현해탄 보다 깊은 임진강

    2. 제주항과 주정공장

    3. 형무소에 부는 바람

    4. 제주 바당 물 막은 섬

    5. 제주공항(정뜨르 비행장)

11. 통일 완충지대, 在日

    1. 현해탄을 가는 사람들

    2. 오오사카, 통일酒

    3. 교토, 우토로 아리랑

    4. 도쿄, 여기는 우리가

    5. 극단 달오름 '약속, 그날'

12. 평화공원, 그 이름값

    1. 제주섬이 평화공원

    2. 진상규명운동과 회복할 명예

    3. 공간 속 기억

    4. 기억 속 공간

제주섬, 이어도 緣由

현해탄 보다 깊은 임진강

　제주섬 사람들에게 제주바다는 현해탄보다 깊은 물이요, 임진강 보다 추운 물이다.

　4·3역사를 겪으면서, 임진강 따라 분단-이별되고, 또 다른 경계 현해탄은 이념에 지배받는 돌아오지 못하는 다리와 같다. 그 고향-제주로, 돌아오지 못한 넋들, 돌아오지 못하는 벗들, 그 사람들을 마중 가는 길. 버선발로 반기는 것과는 다르더라도 먼저 다가가는, 다가가서 함께 제주 바다 물 막은 섬으로 돌아오는 순례길이다.

　섬에 남겨진 사람들과 섬을 쫓겨난 사람들이 서로 애타게 부르는 '제주 바당 물 막은' 섬.

　예로부터 제주사람들은 제주도를 사방이 바다로 막혀서 '물 막은 섬'이라 했다. 그 섬을 막은 바다를 건넌다는 것은 다른 세상과 마주한다는 것이다. 물질-바닷일을 한다는 자체가 험한 일이기도 하거니와, 그 바다로 들어오는 외세에 대한 시달림 또한 그 못지 않은 고달픔이다. 그래서 제주도 노동요 중에는 '이어도'라는 섬 이름이 자주 나온다.

　물질-바닷일은 저승을 다녀갈 정도의 고된 일이다. 이어도에 관한 이야기는 사람들 입으로 전해지는데, 공통된 점은 '돌아오지 못한다'이다. 이어도를 본 사람은 주변에 없다. 이어도를 본 사람은 저승에 간 사람-이미 이 세상 사람이 아닌 것이기에. 보일 듯 보이지 않는, 수평선 너머인 듯, 하늘 아래인 듯, 흔들리는 섬 이어도. 혹자처럼 이상향으로도 전해지기도 한다.

 죽음이 고된 일상을 벗어나게 한다는 것이 이상향이라니, 삶이 그만큼 고되다는 반증일 터. 삶을 살며, 역사를 맞으며, 한라산과 바다와 바람과 거친 세월을 이겨내며 살고 있지만, 그 세월에 가장 힘든 것은 이별일 터. 4·3역사로 헤어진 사람들이 돌아오지 못하는 이야기, 그 '이어도 연유'는 제주 바

일제강점기 제주항에 있던 주정공장 모습.

다를 마주하면서 시작된다.

　1948년 말부터 1949년 초까지 약 5개월은 초토화에 의한 대토벌 및 선무공작기다. 그래서 제주사람들에게는 집단 이별 시기이기도 하다. 형식적인 재판만으로 학살되거나, 수장학살. 그리고 제주바다를 떠나 육지 다른 지역 형무소로 끌려가 수감된다. 대다수가 행방불명되었으며, 그 수는 3,500여 명에 이른다. 고향 제주에 마지막 머물던 곳이 주정공장이었다.

　제주시 건입동, 제주항이 내려다보이는 곳에 술 만드는 주정공장이 있었다. 절벽을 껴서 아래는 공장, 위에는 창고가 있었다. 지금은 아파트단지와 주유소가 위아래로 들어섰다. 2001년부터 매해 4월이면 공장 터에서 '제주4·3행방불명인 진혼제'가 봉행되어 왔다. 60주기던 2008년 전국형무소순례 10년을 정리하면서 혼들을 불러 온 후 여기 주정공장 진혼제도 마지막으로 봉행하였다. 그리고 지금은 제주4·3평화공원에 마련된 '행방불명인 묘역'으로 자리를 옮겨 진행되고 있고, 그 후로 이곳 주정공장 터는 외로움이 느껴진다.

제주항과 주정공장

　4·3역사 60주년을 맞은 2008년, 후손들은 굿을 하는 심방과 함께 전국형무소 터를 돌며 영혼들을 불러 모셔옵니다. 바람 한 겹, 흙 한 줌에 깃든 영혼들을 관덕정에 잠시 부리고는 노제를 지냅니다. 그리고 이곳 주정공장까지 행렬을 이어 걸었습니다. 그동안 지내던 진혼제를 평화공원으로 옮기는 것을 고하고 제주4·3평화공원에 영혼들을 모셨습니다.

　제주4·3유족회 형무소 순례 10년. 동행할 때마다 느꼈던 것은 후손들 정

주정공장에 얽힌 사연을 적은 표석.

성입니다. 웬만하면 순례 현지 시장에서 음식을 구해서 진설-상을 차려도 될 듯한데 직접 집에서 하루 전날 마련합니다. 자신들이 먹고 있는-고향 음식을 드려야 된다는 것입니다. 그리고 영혼을 만나러 가는 계절이 여름이라 단단히 얼음 포장으로 마무리합니다.

제주4·3유족회와 함께하는 형무소 순례는 그들 부모형제의 마지막, 그 존재 흔적을 찾아가는 길입니다. 인류사적으로도 유래가 없을 일. 부모형제 마지막이 정확히 어딘지 모르기에 한 자손 된 마음으로 전국 형무소-목포, 광주, 전주, 마산, 부산, 대구, 대전, 서대문, 마포, 인천 등을 찾아 진설하고 절합니다.

사실 유족들에게는 그곳은 그들이 찾는 그가 있는 곳이지, 그 어떤 다른 땅이 아닐 것입니다. 그렇기에 그곳에 아파트단지가 들어섰건, 대도로가 뚫렸건, 법원, 경찰청이 들어섰건, 장례식장이 들어섰건 상관없습니다. 아파트 옆 공터, 도로변 인도, 법원 정문, 댐 건설로 사라진 곳은 댐에서라도 진설하고 의관을 갖추고 절을 합니다.

형무소를 만나기 전 뱃길 앞에서 짧은 순례를 하기로 합니다.

이어도 연유, 돌아오지 못하는 사람들에 대한 이야기. 이념이 그은 임진강보다 추운, 현해탄보다 깊은 제주 바다가 막은 길. 군대환(君代丸)을 타고 제주섬을 떠나던 사람들은 섬에 남은 사람들과 무슨 약속을 하며 이별 하였을지, 이러 저런 물음표를 안고 떠난 순례길.

부두에서는 이별하는 그림이 아니라, 귀향하는 장면을 떠올리렵니다. 떠남이 아닌 귀향, 배웅이 아닌 마중. 그렇게 이별이 아닌 만남. 역사를 마중 간다는 것은 다가감으로 시작합니다. 마중 가는 사람들, 순례자들입니다.

유족회와 함께하는 형무소 순례 하루 전날 해질녘, 순례동행들이 동문로터리 분수광장에 모여 인사합니다. 걷습니다. 근처 구멍가게에서 막걸리를 사 들고 제주섬을 떠나기 전 넋들이 머물던 주정공장 터를 갑니다. 동대마을을 가는 계단을 걸어 오릅니다.

멀리 산지항 앞바다로 고깃배들이 불을 밝혀 섬을 비춥니다. 타향 형무소 이곳저곳을 떠돌다 돌아오지 못한 사람들을 생각하며 더 가까운 곳을 가기 위해 산지항 방파제 그 긴긴 길, 그 끝 등대를 제단 삼아 작은 정성 모은 제물 진설하고, 함께 절을 하고, 시를 읽고, 노래를 부르고, 막걸리로 음복합니다.

1948년 5월, 미군정이 찍은 항공사진에 있는 방파제가 아닌, 그 방파제

보다 더 먼, 그러나 제주 바당과는 훨씬 더 가까운 곳. 제주 섬을 쫓겨난 사람들에게 우리 순례자들이 그리는 그리움이 좀 더 가까이 잘 전달될 수 있는 곳. 그곳에서 순례자들은 시를 낭송하고, 노래를 부릅니다.

바다를 뒤로한 곳에 주정공장 굴뚝이 상상으로 보이고 그 위로 사람들이 창고에 갇혀 있습니다. 그곳이 마지막 이승이었습니다. 바다를 가다 수장학살 되어 대마도에 떠오른 원혼. 전국형무소로 끌려가 어느 형무소에서 삶을 마감한지도 불분명한 영혼. 이념에 갇혀 타국 타향에서 삶을 마친 영혼. 그리고 정뜨르비행장 등-제주섬에서 삶을 마친 영혼.

그래서 노래는 '차라리'입니다.

형무소에 부는 바람

제주4·3도민연대로부터 주정공장에서 산지항까지, 그리고 목포항에서 목포형무소까지의 나름 퍼포먼스를 제안 받았습니다. 그래서 노래모임 청춘식구들과 제주대 동아리 투래친구들, 그리고 이래저래 지인들까지 10명의 공연단과 순례단 50여 명이 함께 그날의 상황을 나름대로 재현과 체험을 하기로 했습니다.

눈을 가리고 손을 묶고 노래 부르며 걸어갑니다. 산지포구로 배를 타고 육지 어딘지 모를 곳으로 끌려갑니다. 검은 천으로 눈을 가리고 광목천으로 몸을 엮고, 손에는 영갯기-영혼기를 들고 노래하면서. 하지만 진중한 역사도 억지스러운 것을 이겨낼 수 없는 듯, 어색함이 절로 웃음으로 나온 한 유족의 목소리가 아직 덜 해결 된 4·3역사처럼 떨리며 들립니다.

목포형무소

바닷길. 많아서 다도해인가 다양해서 다도해인가. 느람지(이엉)처럼 보이는 섬들. 어릴 적 우영팟(텃밭) 입구에 있던 '촐눌(꼴가리)'. 겨우내 소를 먹일 촐(꼴)을 보호하려 '새(草)'를 엮어 얹은 지붕-느람지를 떠올리게 하는 섬들의 나라 다도해를 지나 우리가 내린 곳은 목포항입니다.

2006년 11월 4일, 목포형무소 터 뒷산, 진혼제를 올립니다. 이러 저런 인사말들과 스님의 독경, 시인의 추모시 낭송과 노래가 울려 퍼집니다. 공연장에서 부르는 노래가 아닌 넋들이 다녀간 공간, 그 넋들을 품어준 자연에 대한 고마움을 담아 부르는 지신밟기입니다.

그 소리가 목포형무소 터였던 아파트단지 담장을 넘습니다. 야산 여기저기 나무들과 함께 설치된, 순례 전 놀이패 한라산이 만들어 전해준 영갯기(영혼기)들도 그 소리를 듣고 바람에 흔들립니다. 영혼들의 노래입니다.

목포시 용해동 내화촌, 구룻마잔등, 나환자촌, 전라남도 무안, 일로 지역을 순례하며 마음 속에서부터 올라오는 복잡한 생각들이 거부가 되지 않습니다. 지금은 유치원-아이들의 미래를 꿈꾸는 곳, 그 아래 콘크리트, 시멘트, 그 아래 무엇! 나무와 잡초들. 탈옥자들에게 옷을 빌려주었다는 이유로 학살된 한센인 마을 사람들.

'謹弔 목포형무소 탈옥 사건 때 무고하게 희생된 여러분의 명복을 빕니다.'

현수막을 걸며 역사에 위안을 삼는 동행들. 한센인 마을을 걷습니다. 목포시를 둘러싼 구룻마잔등-수천의 시체들이 널려있었다는 그 능선을 잘라 도로를 뚫었는데, 공사 중 뼈들이 쏟아져 나왔다는데…… 광주5·18민주화

기념공원을 지나 망월동 구(舊)묘역에 도착하자, 하루해는 슬슬 넘어가고 있고 머리 위가 밝아옵니다. 얼마 후면 보름달이 될 그 빛을 마주하니 순례길이 저뭅니다.

광주형무소

당시 주소는 전라남도 광주군 서방면 동계리. 지금은 광주광역시 동구 동명동 200번지 일대. 주택가로 변한 광주형무소 터 삼거리에는 동명동 주민들이 쉬는 정자가 있습니다. 4·3후손들은 늘 그곳에서 제를 지냅니다. 오늘은 할아버지가 목포형무소에서 삶을 마친 것으로 기억하는 김현철 4·3유족청년회원이 집사에 참여합니다. 그의 고향은 대정읍 무릉리, 그의 아버지는 당신 아버지를 어릴 적 이별한 것이 못내 아쉬운 채 살지만 그 자신 아버지에 대한 그리움과 자랑스러움은 누구 못지않다는 걸 늘 자식들에게 강조합니다.

제물을 진설하고 의관을 갖추고 절을 하며 혼을 부르고 음복을 합니다. 해마다 이맘때쯤 찾는 순례 행렬이어서 익숙할 만도 한데, 그때마다 광주 동명동 주민들은 신기한 듯 집을 나와 삼삼오오 바라보거나 현관문만, 창문만 빼꼼 열고 지켜봅니다.

전주형무소

"전주형무소에는 우물이 있었다, 감나무도 있었다, 은행나무도 있었다."

제주섬을 쫓겨나기 전 주정공장에서 징역형을 선고받아 1949년 2월부터

12월까지 10개월간 전주형무소에 복역했던 기억을 가진 표선면 가시리 박춘옥 할머니. 순례자들은 최대한 숨소리를 아끼면서 그의 말에 귀를 기울입니다. 할머니와 함께 전주형무소에 끌려온 제주사람들은 131명. 그 수형인들 대부분 10대 후반 여성이었던. 당시 형무소 간수들조차 끌려온 이유가 어이없어 할 정도의 죄목들. 만기를 채우고 고향에 내려온 38명. 2차 군법회의를 거친 61명은 또다시 서대문형무소로 이송. 나머지 38명은 전주농고 인근 장례식장이 있는 황방산 기슭에서 희생되었다는 얘기를 들으며 순례단은 그곳을 찾습니다.

대구형무소

눈앞에는 산으로 둘러친 호수, 가창댐을 찾은 순례자들. 그 호수를 향하여 진설하고, 절하고, 음복하고, 얘기 나눈다. 타향에 묻힌, 어딘지도 모르는, 돌아오지 못한 생명들을 위한 춤이다. 막연하게나마 만나는 기억에 남편을 찾던 길에 할머니는 주저앉아 목을 놓는다. 경산 코발트 광산 앞 구좌읍 한동리에 사는 할머니.

우영팟 검질 / 도세기 것 / 쇠막에 물 / 지 죽을 걱정보다 그 걱정
밥은 어떵 먹으멍 살암신가 / 옷은 어떵 똣똣허게 출령 입엄신가
어디 사는 지사 알아지믄이사 믄딱 설러 아정 춫아감이라도 허주마는
게도 그자 살아만 이시믄, 살앙 이서주믄 그만
나사 그자 살당 죽어지믄, 살당 죽어지믄 그만
살아만 이십서 / 살아만 이시라 / 살암시민 살아진다

대전형무소

　한국전쟁 시기를 거치면서 무력과 무력 충돌 사이 수천의 목숨이 희생된 곳. 일제강점기에는 안창호, 여운형, 김창숙 등 주로 비중 있는 독립운동가들이 수감되기도 했던. 그래서 조선총독부는 독립운동가들 감옥과 일반 감옥 사이에 이중벽을 쌓아 탈옥 관리했던. 1950년 9월 25일경 인천상륙작전으로 후퇴하는 북한군이 우익 인사들 1,557명을 죽였다는. 그 후 대전을 또다시 장악한 우익 인사들이 다시 갇힌 좌익 인사들을 보복으로 1,000명 가량 학살했다는.

　이런 기억들을 가진 높은 망루, 깊은 우물. 쳐다보고, 내려다보고를 반복하는 순례자들. 높은 곳은 권력이며 그곳에서는 그 수많은 죽음들을 관리 감독하였을 터. 낮고 깊은 곳은 비명에 간 사람들이 내지르는 비명소리가 우물 안을 감돌고 돌아 순례자들 귀에 이명이 되어 들리는 대전형무소 터. 그렇게 역사가 전하는 이명을 이기지 못하고 말을 잃은 채 찾은 곳 대전시 동구 낭월동 골령골 계곡.

　　대전형무소 정치범 및 민간인 집단 학살지
　　이 골령골(대전시 동구 낭월동)은 1950년 7월 초, 대전형무소에 수감돼 있던 제주4·3 및 여순사건 관련자 등 정치범과 대전충남지역 인근 민간인들이 군인과 경찰에 의해 끌려와 집단 처형돼 묻힌 비극의 현장이다.
　　1999년 12월 말, 해제된 미국비밀문서가 공개되면서 세상에 널리 알려졌으며 이 문서에는 50년 7월 초, 대전형무소에 수감돼 있던 정치범 1천 800여 명이 3일 동안 집단총살된 것으로 기록돼 있다.
　　그러나 진상규명위원회의 조사 과정에서 정치범 외에 민간인이 열흘가까이 끌려와 총살됐으며 희생자 수도 최소 3천여 명에 이르는 것으로 확인되고 있다.
- 한국전쟁 발발 50주년 7월 8일, 대전형무소 산내학살진상규명위원회

골령골은 좌우가 높은 산으로 둘러친 깊은 골짜기입니다. 농사짓는 밭 한 쪽 귀퉁이에는 뼈들이 나와서 모아 놓은 게 눈에 들어옵니다. 사진 한 장이 겹칩니다. 학살 현장을 생생히 전하는 사진. 대한민국 국군과 경찰이 총살된 정치범을 구덩이로 몰아 삽으로 묻는 사진과 엎드린 채 살려달라고 애원하는 눈빛의 청년.

소나무가 빽빽한 야산을 향해 가지고 온 제물들을 진설하는 유족들, 그들은 현장에 얽힌 이야기보다는 자신들의 부모형제에게 인사를 드리는 게 우선인가 봅니다. 아니면 이야기가 트라우마가 될까 봐, 이명으로 들릴까봐 외면하는 대신 서둘러 제지낼 준비를 하고 있을 겁니다. 제를 마치고 음복을 하는 동안 제를 지냈던 것들을 태우기도 하는데 그 연기가 골령골을 채우며 하늘을 갑니다.

여기서 헤매는 넋들도 그 연기 타고 물 막은 섬 제주를 찾으면 좋겠습니다. 순례길에서 순례자들은 스스로에게 마음을 다독일 필요도 있습니다. 마포형무소 순례길에 상상만으로 찾는 부모형제들이 간 그 길, 사람들이 걷는 도심 속 인도위에 제물을 진설하고 당당하게 절을 하면 맘이 편해지듯이 말입니다.

서대문 형무소

마포형무소 터였던 서울서부지방법원 정문 앞에서 선 유족들과 순례자들, 그 당당함은 역사를 기록한 한 장의 사진과 겹쳐집니다. 1945년 8월, 마

포형무소를 나온 사람들이 만세 부르는 사진. 당당함과 부끄러움, 서대문형무소에서는 더욱 뚜렷해집니다.

　서대문형무소를 찾는 이들은 항일운동에 대한 자랑스러움을 배우고 갈 겁니다. 그렇지만 그 항일운동으로 찾은 나라가 반쪽뿐이라는 것이 부끄러운 것은 그것을 깨닫는 사람에게만 있는 것일까요? 4·3항쟁이 그 반쪽을 채우려던 역사라는 것도 불편한 이야기가 되고 있는 게 부끄러워지는 서대문형무소입니다.

　잠시 잔디밭에 앉아 제주도 표선면 세화리에 사시는 김정숙 할머니 얘길 듣습니다. 1949년 겨울, 사랑하는 이를 구하기 위해 그가 한 최선은 어딘가에 부탁하는 것이었습니다.

대전형무소 터의 우물.

♬쌀 훈 되박 / 돈 5원 / 간장 후나, 사이다 병에

형무소 순례가 남긴 것은 참으로 많습니다. 10대 후반 젊은 청춘들이 서대문형무소까지 끌려간 이야기를 따라 가다보니, 그들 중 일부가 현해탄을 건널 수밖에 없었던 이야기를 접하였습니다. 이어지는 이어도 연유에 관한 순례는 윤동주 시인이 건넜다는 현해탄입니다.

대전형무소 터 경비초소.

제주 바당 물 막은 섬

어느 날 늘 순례동행 김경훈 시인이 오사카를 거쳐 교토, 도쿄를 다녀오자고 하였습니다. '게민 바닷길로 가게마씨?'라고 제안했고, 시인이 쓴 '빨갱이, 똥돼지, 조센징'이라 놀림 당하던 길을 따라 부산을 거쳐 가기로 합니다. 제주에서 곧바로 일본을 가는 뱃길이 있다면 그 길을 갔겠지만. 때마침 부산에서 극단 '달오름'의 공연 소식도 있고 해서 다행입니다.

달오름. 재일동포 극단. 분단구조에서 경계를 사는 사람들. 부산을 향하는 뱃길은 마치 4·3역사에 섬을 떠난 김시종 선생의 외로운 밀항과 닮았습니다. 거친 파도에 고된 몸, 동행도 단둘. 이렇듯 순례는 역사와 많이 닿아 있습니다. 부산을 향하는 뱃길은 목포를 향하던 뱃길과는 다른 경험치를 순례자들에게 줍니다.

달오름을 부산민주공원에서 만났습니다. 먼저 도착한 그들도 우리처럼 오사카에서 18시간을 배를 타고 부산에 도착해 있었습니다. 2007년 10월 12일, 13일. 부산 민주공원 소극장에서 이틀간의 공연을 마치고 나면, 이들도 순례자가 되어 부산을 떠나 함께 현해탄을 건너갈 겁니다. 극단 달오름이 만든 '4.24의 바람'은 제주4·3과 많이 닿아 있습니다.

- '영순'은 1947년 3월 1일 제주북초등학교에서 있었던 28주년 삼일절 기념집회 이후 오빠가 경찰에 잡혀가자, 그의 부모가 그를 오사카로 밀항 보낸다. 1948년 4월, 한신교육투쟁을 경험하면서 고향 제주에서의 상황과 겹치면서 괴로워한다.

산내초등학교에서 열렸던 위령제에서 진혼곡을 불러드렸다.

- 일제강점기 재일동포들은 해방이 되면 고국에 가리란 희망을 안고 방방곡곡마다 국어강습소를 만들어 우리말 교육을 해 오고 있다. 일제 강점이 끝나고, 제주에서 마을마다 땅과 재산을 십시일반 모여 학교를 세우던 기운과 같다. 그러나 일본을 점령한 연합군최고사령부는 일본정부에 조선학교를 폐쇄하라는 지령을 내린다. 이는 제주에서 자치권과 교육열기를 말살하기 위하여 일제친일경찰을 그대로 등용한 것과 같은 맥락이다.
- 연합군은 점령정책을 펴 나간다. 일본 경찰은 선생님을 비롯한 동포들을 잡아가기 시작했다. 제주에서는 대대적인 검거선풍이 불기 시작했다. 재일동포

제주4·3도민연대를 따라 찾았던 서대문형무소.

들은 항거했다. 삐라를 만들어 집집마다 알리고, 쌀을 모아 주먹밥을 만들고, 학교 침탈에 대비하여 이불 등을 모아 학교에서 밤샘농성을 시작한다.

- 우리 학교를 지키자!
- 우리 선생님을 지키자!!
- 우리 말을 지키자!!!

마당극 '4.24의 바람'은 배우들의 열정이 고스란히 눈시울로 전해진 공연이었습니다. 극단 달오름의 연극은 이렇게 제주에서 오사카로 이어집니다. 마당극 특유의 희로애락을 뒤로 남기고, 그날 밤. 이튿날 다시 이역 땅 일본으로 돌아가야 하는 속상한 밤이, 비어지는 뒤풀이 술잔과 비례하며 깊어집니다. 그 깊음에 이들과 함께했던 지난날이 스칩니다.

경상북도 성주군에서 열리는 '민족극한마당'을 참관하고 나서 아르바이트를 위해 다시 서둘러 오사카로 돌아가야 했던 달오름 단원 령나. 그를 보내던 우리들. 그날 령나는 오사카로 가는 배를 타기 위하여 부산행 열차에 올라서자마자 곧바로 창가에 기대더니, 손을 흔들며 서로 보이지 않을 때까지 서 있었습니다. 그리고 남은 이들은 거창군 신원면 골짜기로.

극단 달오름 순례자들은 자신들이 할 수 있는 최소를 준비하여 인사를 합니다. 음악이 나오고 역사가 될 수 있는 춤을 춥니다. 하얀 춤. 4.3역사 와중에 터진 3여 년 한국전쟁 동안 제주청년들은 반도 전체를 누비며 자신에게 씌워진 붉은 누명을 벗기 위해 타인의 붉은 피를 자신의 몸에 묻히며 다녔습니다. 신원면은 그중 한 곳일 뿐. 희생자 중에 제주 고씨 1살이 유독 눈에 듭니다. 신원면 골짜기에 비가 내립니다.

작은 차 하나에 몸을 싣고 폭풍우를 헤치며 지리산 자락을 내려 녹동에서 제주로 가는 배에 몸을 실었습니다. 고개를 쳐든 뱃머리가 이내 수평선을 가렸다가 떨어지면 동시에 엄청난 굉음이 들립니다. 군대환(君代丸)을 타고 가던 그날은 현해탄 파도보다 이념이 갈라놓는 분단장벽이 훨씬 높았을지도. 제주바당 높은 절(파도)소리로 돌아오는 귀향길입니다.

'적'이란 말은 인간이 인간 스스로에게 지어낸 말이겠지요? 인간이 인간을 죽일 때 또는 죽였을 때, 이를 합리화하기 위해 만든 단어일 것입니다. 전쟁에서 '적'이란 '전쟁', 그 자체이고, 그러므로 전쟁의 적은 곧바로 그 전쟁을 일으킨 인간인데, 서로 의지하고 살라는 그 '人間' 말입니다. 그런 인간인데도 우린 만날 싸우기 바쁘고 싸움으로 해결하려 합니다.

인간으로 살고자가 아니라 인간임을 포기하는. 서로 총구를 겨누고 살인을 하는. 자기가 살기 위해 살인을 한다고요? 자신이 살기 위해서. 남을 죽이면 자신은 살고 그 즉시 살인자-죄인이 되고, 죽은 자신 또한 죽으면 타인을 죄인이 되게 한 또 다른 죄인이 되는 것인데.

미안하다는 말은 자신을 달래려는 이기적인 표현일 것입니다. 그래서 미안하다는 말은 더욱 하기가 힘에 겨울 때가 많습니다. 정작 '미안하다'고 하면 자신이 위로 받는 것은 사실이기 때문이지요. 그래도 미안한 마음에 찾은 이곳입니다. 용서를 구하고자 합니다. 직접 저지른 죄는 아니라도 국가원수가 고개를 숙이듯. 경상남도 거창군 신원면에서.

고개를 숙입니다. 그러다 보면 당신들을 죽이게 된 '제주 섬 사람들'의 그 죄. 그 죄를 짓게 만든 사람들, 그 죄를 모르는 사람들, 그 섬을 무시-농락한 사람들도 서로 용서를 구하지 않을런지요. 그저 위령하고, 원인도 이유도 없는 비석만 세우면 끝나는 역사가 아니듯, 또다시 과거의 섬과 뭍의 만남이 되풀이되지 말길 바라면서 말입니다.

제주공항(정뜨르 비행장)

갈 때는 배로, 올 때는 비행기입니다. 4·3영혼이 인도하는 보름달이 뜬, 바람도 고요한 야간 비행. 그러다 활주로에 내리기 전 10분, 우리가 탄 비행기 동체가 사납게 흔들립니다. 활주로에 눌린 넋들이 스스로 존재를 알리려는 듯, 마치 어린아이가 부모님의 몸을 흔들며 '앙작'을 하듯 말입니다.

제주공항을 동쪽으로 내리자 바다로 뻗은 남북활주로를 가로질러 갑니다. 김수열 시인의 시 '정뜨르 비행장'이 떠오릅니다. 그렇지만 비행기는 활주로를 거침없이 질주하다 속도를 줄이더니 묻지도 않고 이미 정해진 곳으로 우리를 실은 채 이동하고 있습니다. 묻지도 않고 이동하던, 어디로 가는지 모르는 그날, 우리를 태운 트럭, 뱃길처럼.

일제강점기 정뜨르 비행장 건설로 공동체를 이루던 주변 마을-다호, 다라쿳, 몰래물, 도두, 백개 등 지역공동체가 멀어졌습니다. 정뜨르 마을은 사라졌고, 사람들은 떠났고, 사람과 마을을, 마을과 마을을 이어주던 올레와 길이 끊겼습니다. 알뜨르가 그랬던 것처럼. 제주4·3역사에서 섬 공동체가 해체되듯이, 개발역사에 마을간 공동체도 해체된 것입니다.

언젠가 오사카에 사는 재일동포를 안내한 적이 있는데, 부모님 고향이 제주라는 그는 제주 방문이 처음이었습니다. 고향 주소가 적힌 쪽지를 들고 함께 찾은 적이 있습니다. 그러나 고향집 올레는 철조망으로 막혔고, 고향 마을은 활주로 밑에 묻혀 가늠할 수 없었습니다.

고향 제주를 향하는 비행기에서는 종종 붉은 노을을 만납니다. 노을 아래로 바다 또한 붉게 물들었습니다. 강요배 선생이 무자기축년 바다를 그린 그 '붉은 바다'와는 다른 아름다움이 보입니다. 바다, 군대환(君代丸)을 타고 이역을 가던 길입니다.

　그 위를 비행기를 타고 제주도를 가고 있습니다. 멀리 구름 위로 한라산 백록담 봉우리가 보입니다. 비행기가 그 백록담 봉우리보다 낮은 구름 아래로 내려갑니다. 시집을 꺼냅니다. 김수열의 시 '정뜨르 비행장'을 읽습니다.

　정뜨르 비행장과 4·3역사를 나눌 기회가 생길 때마다 순례자들은 정뜨르 마을이 있었던 활주로가 바라다 보이는 어영마을 들녘 길을 걷습니다. 비행장이 내려다보이는 도두봉을 오릅니다. 그곳에서 눈앞에 펼쳐지는 한라산과 오름을 바라봅니다.

당신-형무소에 부는 바람
(2006)

최상돈 글, 곡

꿈 속에 바람불더니 어느새 날이 밝았네
간 밤에 고향그리다 눈물이 말라버렸네

내 고향에도 불겠지 낯설지 않은 이 바람
내 부모형제 어떻게 잘살고있나 궁금해

내 영혼이라도 내 혼백이라도 저 바다건너 데려가 주렴
내 꿈속이라도 내 꿈에서라도 저 바다건너 고향 찾으면

내 고향에도 꽃은 피어 봄이 찾아오겠지
나 당신만 나무슨 말을 그저 바라만 볼 뿐

이어도 연유

통일 완충지대, 在日

현해탄을 가는 사람들

부산항 동남쪽 뱃길 따라 1시간. 뱃머리 오른쪽으로 섬이 보입니다. 대마도. 일본에서는 쓰시마라 부르는 섬. 대마도와 제주도는 해류가 이어줍니

현해탄.

대마도 뱃길, 김경훈 시인과 극단 달오름 배우들.

다. 4·3역사에 제주도 앞바다에 수장학살이 많던 그해, 이 대마도에는 죽은 몸들이 많이 올라왔다 합니다. 대마도에 한 절에서는 그때 떠오른 시신들의 유해를 모셔 놓고 있다 합니다. 그래서 제주의 예술인들이 가서 굿을 한 적도 있는, 대마도는 영혼이 머무는 섬입니다. 언젠가 순례하고 싶은.

배가 망망대해로 들어가는 것과 비례하여, 날도 저뭅니다. 하늘도 검고 바다고 검고, 어쩌면 검은 역사를 품은 블랙홀 같은 이 바다를 가는 사람들이 있습니다. 현해탄을 가는(耕) 사람들. 조선인들이 일본으로 가게 된 역사라든가, 4·3역사에 일본을 가던 제주사람들, 꿈을 가진 귀향길, 그 와중에 돌아오지 못하는 사람들. 그리고 여전히 경계를 사는 사람들. 이야기를 실은 배는 시인 윤동주가 건넜다는 현해탄 넘어 일본바다를 갑니다. 국경이지만 이념이 낳은 또 다른 삼팔선. 현해탄보다 깊은 임진강. 재일동포들을 만나러 가는 길입니다. 시인인 김시종 선생은 재일동포사회를 통일을 위한 윤활유 같은 존재라 했습니다.

현해탄 건너 시모노세키 관문해협을 지나는 부관페리 갑판 카페. 부산에서의 공연과 뒤풀이 후유증에 다른 단원들은 일찍 잠자리에 들었지만 극단 대표는 술자리를 지킵니다. 그날 유독 자신의 삶을 많이 털어놓던 김민수 대표.

2005년, 단체 전임활동을 그만두고 후배와 극단을 창단하기로 한다. 창단공연은 그의 어머니 김창생 작가의 〈고도의 려명〉. 4·3역사를 다룬 작품이다. 그래서 작품 배경인 제주도를 알기 위하여 당시 제주에서 활동하는 〈놀이패 한라산〉을 잘 아는 선배 권유로 함께 제주도를 방문하게 되고, 그때 본 놀이패 한라산의 마당극을 접하며 연극을 보는 시각에도 변화를 느낀다. 무엇보다 관객과 함께 공간을 채우는 공동체 작업에 눈이 갔다. 이후 제주와 오사카를 다니며 만남을 이어간다. 2006년 4월, 단원들과 함께 제주4·3예술제에 참가하여 연합공연도 하고, 놀이패 한라산과 함께 워크숍을 통해 실력을 배양한다. 많은 1세 동포들의 증언을 토대로 작품을 만들고, 오사카에서 구하기 힘든 의상, 소품 등을 한국 현지를 통해서 구입하며, 자신들의 실력 배양을 위해서 부산, 제주 등에서 활동하는 예술가들을 초청하여 워크숍을 하는 등 작품 질을 높이는 노력을 게을리 하지 않았다. 그리고 〈4.24의 바람〉을 만들고, 2007년 4월, 제주4·3평화인권마당극제에 초청되어 공연하게 된다.

김민수 대표 이야기에 순례자들은 다짐을 합니다. 역사를 맞이하는 노력,

군대환 뱃길을 가는 노력을 하는 그런 달오름에게, 언젠가 같이 작품을 만들고 공연하자고. 가진 예술적 영감과 재료들을 서로 나누자고. 그렇게 시작된 약속과 다짐은 깊어지는 군대환 뱃길만큼 늘어갑니다. 얼마나 지킬 수 있을까요?

날이 밝았습니다. 지난 밤 꿈인 듯 아닌 듯 기억나는-달오름 단원이 들려준 오키나와 자장가 선율이 아련히 떠오르는 여기는 일본 세토나이. 어쩌면 오키나와 사람들도 이 바다를 건너 오사카를 갔을 것입니다. 오사카 다이쇼구에 많이 산다는 오키나와 사람들에 대한 궁금증을 안은 채, 뱃길은 18시간 정도 흘러서야 오사카항에 도착합니다.

오사카항을 나와 달오름이 연습장으로 빌려 쓰는 아라모토 인권센터로 가는 길, 오사카를 동서로 가로지르는 큰 도로에는 대도시 도로 어디에나 있는 제한고도 표시가 있습니다. 하필 '4·3m'와 '3.8m'라고 적혀 있습니다. 일상에서 만나는 것들에서도 역사 극복과 분단을 넘고 싶은 마음을 놓지 못하는 극단 달오름입니다.

극단 달오름 단원들은 각자 다른 3종류의 여권을 가지고 있습니다. '조선적'이어서 한국에 갈 때 한국영사관에 가서 신청하고 받아야만 하는 임시여권. '한국국적' 자가 가진 대한민국 여권. 그리고 '일본국적' 자가 가진 여권. 그렇게 제도가 만들어 놓은 경계, 그들에게 이 여권은 4·3이며 또 하나의 3.8선, 분단입니다.

김민수 대표 부모님 집에 신세를 지게 된 순례자들. 작가인 김창생 선생과 김대안 스님 부부가 반갑게 맞아 줍니다. 두 분은 지금 제주도에 가서 남은 삶을 살 것인가에 대한 고민을 하고 계십니다. 역시 고향은 그리움이며, 살아온 세월을 정리함은 긴 시간이 필요합니다.

"일본이 좋아서 일본에서 태어난 것도 아니고 태어나 보니 일본이었다. 태어남은 자연이었지만, 내 죽을 때는 내가 선택하겠다. 고향 제주에 가서 죽을 거다."

미리 준비했던 음식들을 내오는 두 분. 음식을 내오랴. 말을 하랴, 건배를 하고 술을 마시랴, 분주합니다. 깊어지는 술자리에 역사 이야기는 당연하고, 간간이 이어지는 농담들도 참 정겨운 밤, 알면 알수록, 들으면 들을수록 제주가 고향인 두 분입니다. 제주말 또한 더욱 많이 쓰시더니, 순례자들에게 쓰던 존대도 점점 낮아집니다.

'선생들은-군들은-자네들은'

소녀 같은 감성 김창생 선생은 헤어질 시간이 다가오자 섭섭한 마음을 다 드러내 보입니다. 다시 만나뵙겠노라 다짐을 하고 뒤돌아서던 밤길, 가로등 불빛 골목 저편 자전거를 타고 오시던 김창생 선생 그림자가 검게 늘어져 보입니다. 이 어둠이 빛이 되려면 몇 시간이 지나면 바뀌지만, 우리나라 이 어둠, 분단은 언제쯤 햇빛 찬란한 통일세상으로 바뀔 지.

극단 달오름은 작품 만드는 꺼리들을 뿌리에서 찾습니다. 어머니의 어머니가 살아온 이야기, 아버지가 살아가는 이야기. 그리고 현재 우리들이 찾아야 할 이야기, 그리고 미래 아이들이 살아갈 세상 등. 그들에게 들려줄 이야기 등을 달오름은 그들이 만드는 작품에 그에 대한 답을 나름대로 담아내고 있습니다. Stay Stay Dream. 소원과 하나를 응원합니다.

'통일독립전취하자!'를 외치던 1947년 3월 1일 제28주년 삼일절기념대회에서 3만 군중. 그 앞에서 당시 '안세훈 위원장'은 어떤 연설을 하였을까? 상상해 보며, 언젠가 어떤 식으로든 4·3작품을 만들게 되었을 때 한번쯤은 써 보고 싶은 대사입니다. 이를 앞서 달오름과 약속한 공연에서 사용하면 좋겠다…라는 기분 좋은 상상을 해 봅니다.

1947년 28주년 3·1대회 연설문

동지들, 우리의 피가 붉은 연유를 아십니까? 우리 어머니의 피가 붉어서요, 그 어머니의 어머니 피가 붉어서요, 그를 낳은 어머니의 피 또한 붉어서이며, 그 어머니도 어머니의 어머니로부터 받은 피가 붉어서입니다. 배달조선을 세운 단군왕검의 피도 붉은색이며 그 배달조선을 세운 이 땅도 붉은빛을 머금고 있습니다. 우리가 죽으면 다시 그 붉은 땅으로 돌아가지만 아쉽게도 현재 이 땅은 둘로 나뉠 처지에 놓여 있습니다. 우리가 돌아가야 할 그 땅이, 어머니의 나라가, 그 어머니가 둘로 나뉠 처지에 놓여 있단 말입니다. 나를 낳고 길러 주신 그 어머니 아버지가 말입니다. 일제강점 36년을 그 어머니 아버지의 힘으로 이겨 내고 새로운 미래를 열기로 다짐한 우리들입니다. 새로운 미래, 그것은 이미 정해진 오래된 미래입니다. 하나였던 나라, 하나인 우리를 만드는 것. 하나가 되는 것, 그것입니다.

오오사카, 통일酒

오사카시 이쿠노구에 있는 코리아타운을 주왓주왓 걷고 있습니다. 상인 대부분이 재일동포이며 그중 70% 정도가 제주사람들, 한 할머니가 눈에 들었는데 김경훈 시인이 평소 없던 용기가 생겼던지 확신을 가진 말을 겁니다.

"할머니도 제주도에서 왓수과?"

오사카시장에서 만난 제주도 행원리 출신 한청옥 할머니.

♪ 오사카 조선시장의 한청옥 할머니 (김경훈 시)

"나이가 멧이우꽈?"
"멧으로 보염서?"
"흔 여든 마씀."
"여든? 여든이믄 이제 새로 시집가키여."
"게믄 멧이우꽈?"
"조도 이빠이, 이제 백이 다 되엇저."

오사카 한인시장에서 / 콩나물과 고춧가루 등을 파는 / 행원리 출신인 할머니는 제주4·3 후에 일본에 건너왔다 / 해녀일을 하면서 청진과 불라디보스톡까지

다녀왔다

"고향은 잊어불지 아녀주마는 / 이녁이 사는 땅이 이녁 땅이주 / 전엔 일본 내 무리멍 오랏주만은 / 살당보난 이젠 고향이라 / 놈덜은 나신디 쉬렌 헤도 / 영 앚앙 사람 구경도 허고 좋주 / 돈보담도 물건더레 정신가믄 / 놀지도 못허여"

"감수다."
"응 혼저 가, 또시 놀레와."

 이렇게 시 한편이 생겨납니다. 작고 많은 물건이 있는 가게는 아니지만 그 가게는 그에게는 삶입니다. 바로 코앞에 큰아들도 가게를 열어 장사를 하고 있지만, 그렇습니다. 제주 할망(할머니)들은 나이가 들어서도 자주성을 놓지 않습니다. 마당을 사이에 두고 아들 부부에게 안채를 물려주고 나서도 바깥채에 부엌살림을 따로또 합니다.
 건강하시라고 인사를 나누고 고개를 돌리니 바로 옆 가게 냉장고 안에서 눈에 반가운 그림이 보입니다. '평양' 소주와 '한라산' 소주가 나란히 놓인, 통일그림. 망설임 없이 두 종류를 삽니다. 그리고 재일본 4·3유족회 강실 회장과 만나기로 한 카페 '에덴'으로 향합니다.
 빵과 계란, 커피를 곁들인 '모닝구'를 파는 카페는 강실 선생의 누이인 이복숙 선생이 운영하고 있습니다. 카페가 있는 골목에 들어서자 강실 선생 특유의 목소리가 들립니다. 늘 그렇듯 이미 먼저 도착하여 누이와 얘기 나누고 있습니다. 이복숙 선생과 강실 선생은 둘 다 4·3항쟁시기 인민유격대 2대사령관 '이덕구'의 조카들입니다. 해마다 삼촌 제사를 늘 같이 모시면서 아직 뼈 한 줌 없는 삼촌을 고향 제주에 모시는 일에 대한 의견을 나누고 계셨습니다. 모실 어른이 이덕구 삼 춘만이 아니기에 해결해야 할 일은 더 많은 게 사실입니다.

이복숙 선생 아버지 이호구는 맏 아들이며 초대 신촌리장을 지냈습 니다. 그 아들 이순후는 삼촌인 이 덕구와 한 살 터울이라 친구처럼 지냈습니다. 이덕구 가족은 4·3역 사에 토벌대들에게 몰살당합니다. 이복숙 선생은 마을사람들의 도움 으로 이곳 오사카로 몸을 피할 수 있었습니다. 고향에서 죽은 삼촌을 타향에서 제사 지내는 조카, 이복 숙과 강실. 삶에 생생히 남은 기억,

이덕구와 이순후.

그 역사로 입은 큰 상처를 안고 사는 두 분이지만 결코 삼촌들을 원망하진 않는다 합니다. 오히려 자랑스럽게 여긴다니, 들려 준 이야기에 제주의 자 존이 배어 있습니다.

"소문이 낫습니다, 관덕정 앞에 이덕구가 전시되엇다고. 나도 벗덜이영 슬짝 가 보난, 관덕정 앞이, 지금 로베로 호텔 앞이쯤에 덕구 삼촌이 십자가 형틀에 매달려 잇엇습니다. 왼착 가심 우의 게와엔 숟가락 하나 꼽아졍 잇고. 건디 희 한하게 나 눈엔 덕구 삼촌이 웃는 거 닮아 보입디다. 흔 일주일인가 경 잇단 경 찰이 누게 용인을 시켠, 저 동문통 산지천 남수각 아래에 강 휘발유 뿌련 태와

붉엇다 합니다. 건디 때 마침 6월 장마라 그랫는지 그날 밤이 큰비가 와서 덕구 삼촌 시체를 바당더레 쓸어 가분 겁니다. 산지 앞바당더레. 경허난 덕구 삼촌 몸은 없게 된 겁니다."

강실 선생이 특유의 말투로 갑자기 질문합니다.

"거 봉다리엔 무시겁니까?"
"소주우다."
"소주사 제주도 게 좋지 아니헙니까."

"코리아타운 걷당 보난 평양 허고 한라산이 나란히 잇길래 바로 사불엇수다."
"무사, 서껭이라도 먹젠 험입니까."
"어떵 잘도 알암수다 양."
"당신덜 허는 일이 그거고, 그게 우리 덕구 삼촌네가 이루려던 세상이잖습니까."

평양과 한라산을 섞어 만든 통일소주를 나누며 지난 날 강실 선생과 함께한 순례를 돌아봅니다. 사려니숲길을 걸어 천미천에서 한라산을 향해 절을 하고, 관덕정을 찾아 그날의 기억들을 나누고, 산지천을 찾아 혼과 백이 이별하는 역사를 돌아보던 순례길.

며칠째 계속 비가 내립니다. 그해 여름도 산지천 따라 큰비가 흘러내려 몸은 제주 바당으로, 혼은 한라영산으로. 분단된 우리나라를 생각하게 하는 오늘입니다. 오사카에서 '강실' 선생도 오셨습니다. 말 좋아하는 선생이라 만나자마자 인사치레로 한 말씀 하십니다.

"당신들 참으로 존경스럽습니다. 이건 단지 우리 덕구 삼촌, 그 한 개인의 문제가 아닙니다. 덕구 삼춘이야 나서기만 한 거지. 안 그렇습니까? 통일독립된 나라, 그게 제주사람들이 원하던 것입니다. 마, 어쨌건 우리 덕구 삼춘을 생각하는 마음이라 생각하고, 고맙습니다."
"오사카에서도 식게(제사) 허염수과?"
"네, 그렇습니다. 하고 있습니다. 복숙이 누님이 잘 차리고 있습니다."

교토, 여기는 우리가

임진왜란 당시 왜군들이 자신들의 전리품으로 조선인들의 귀와 코를 잘라와 묻었습니다. 그래서 생겨난 게 일본 교토에 있는 귀(코)무덤입니다. 경주에 있는 신라왕릉 정도 크기. 그 앞에 서 있습니다. 순례자로서 무언가는 해 드리려는데 먹먹한 마음 잡히지 않고 몸과 마음이 나뉘는 듯합니다. 사실 준비한 노래도 있지만, 억지로라도 부르려는 노래.

아리랑, 우리의 노래 아리랑이 일본으로 건너가게 된 것은 임진왜란 때로

임진왜란의 한서린 기억을 담은 교토의 이총.

알려졌습니다.

　임진왜란 당시 왜군에 의해 끌려와 강제노동을 했던 사람들이 고향에 대한 그리움을 아리랑을 부르며 달랩니다. 그러던 장조곡조가 일본이라는 지역 정서와 만나서 단조곡조로 바뀌어 오늘에 이릅니다. 지금 일본인들이 부르는 아리랑은 우리가 부르는 것과는 사뭇 정서가 다른 단조입니다. 물론 재일동포사회에서는 원래 부르는 아리랑을 부릅니다.

　현해탄을 건너면서 이곳을 찾아 아리랑을 부르겠다고 다짐하고 왔지만 막상 눈앞에 마주하니 불편한 목소리가 마음을 숨기지 못하여 노래가 잘되질 않습니다. 여의치 않습니다. 그 불편한 노래 때문인지 바로 옆에 사는 일본인 할아버지가 우릴 맞이합니다.

"벌초 전이라서 벌초 아직 못한 게 미안하다. 자물쇠를 잠그는 것도 마음에 안 든다."

제주도 고향 청수에서 일본인 무덤을 벌초한다는 할머니가 스칩니다.
가벼운 목례를 하고 나서 시선을 왼쪽으로 돌려 산을 오릅니다. 가파른 계단이 순례자들을 저절로 고개 숙이게 만듭니다. 죽어서도 그렇게 권력을 누리고 민중들 아래로 내려다보려는 건지. 이런 자를 성공신화로 존경하는 일본인들도 많다는 거. 그렇게 마주한 것은 임진왜란 조선침략 책임자 '도요토미히데요시'묘입니다.
저절로 고개 숙이게 만드는 토요토미히데요시의 무덤. 귀(코)무덤은 그 앞에 있습니다. 조선을 침략한 그들은 전리품인 조선인들의 귀와 코를 자신들의 주군 앞에 묻었습니다. 모든 뭇 생명들은 자기가 머물고 있는 곳, 바로 그곳에서 살 자격이 있습니다. 그러나 모든 전쟁은 그 권리를 박탈해 버립니다.
임진왜란에서 아리랑과 함께 고향을 쫓겨난 조선인들. 그 역사는 일제강점기 때도 이어집니다. 우토로를 찾았습니다. 京都府 宇治市 伊勢田町 51番地 일대를 일컫는 마을입니다.
일본이 패전국이 되자 공사도 중단되었고, 이들은 실업자가 되지만 살아온 삶터를 그대로 가꾸며 살고 있었습니다. 그런데 1987년 마을 부지 전체가 매각되는 일이 벌어집니다. 스스로 마을을 지키려는 노력들이 생겨나고, 삶의 정서가 배어있는 마을 부지를 매입하자는 운동이 세계 각지로 알려지면서 나름의 성과를 거두고 있습니다.

전쟁기지 건설에 필요한 노동력을 착취하기 위하여 강제로 함바집을 지어 살게 할 땐 언제고, 무용지물이 되자 쫓아내려 한다니. 순례자들에게는 고향 이야기들이 연상됩니다.

4·3역사에 소개령에 마을을 쫓겨나던 제주사람들. 토벌대의 칼날에 뿌리내린 곳을 떠나게 된 나무들. 생명 땅 도두리 벌판에 미국의 전쟁기지를 짓겠다며 대한민국 정부군에 의해 쫓겨난 평택 대추리 사람들. 해군기지니 공군기지니 하며 제주섬이 이간질 되고, 마을이 이간질 당한 강정마을 사람들. 우토로에서는 참으로 많은 이야기들이 겹칩니다.

그곳에서 떠오른, 참으로 짧은 노래를 지었습니다.

♬ 여기는 우리가 (최상돈 글, 곡)
여기는 우리가 살아, 살아 지켜, 지켜 갈 곳 여기는 우리가 살아, 지켜, 지켜 갈 곳

역사를 알기 위해서 민족학교를 지키고 그 학교에 자녀들을 보내는 재일동포 부모들은 한 달 교육비로 들어가는 돈이 큰 부담이어도 '여기는 우리가 살아, 살아 지켜 갈 곳'이기에 당당하게 노동을 하고 오늘도 재일동포 사회를 이어갑니다. 그런 동포사회를 묶어내면서 일본의 민주주의, 동아시아 평화를 위해 활동하는 사람들이 많습니다.

'立命館'대학에서 교편을 잡고 있는 문경수 선생은 일본에서 태어났습니다. 그렇다 보니 부모 고향이 제주이긴 하지만 제주말이 능숙하진 않습니다. 미리 약속을 하고 신세를 지겠노라 하고 방문한 것이지만 참으로 반갑게 우리를 맞아 줍니다. 가난한 학자 같은 안경 너머로 가늘게 뜬 눈, 그 아래로 하얀 이를 잇몸 가까이 드러내고 웃으시며 대화하는 모습에 지식인과

나누는 대화라는 부담은 사라집니다.

그러다 보니 술잔이 비어지는 횟수가 많아지고 술 또한 빨리 동나 버렸습니다. 집안에 담가 놓았던 술까지 마셨으니 참 반가운 만남입니다. 선생은 이내 일어섭니다.

"어디 감수과?"

"술 사와야지요, 허허허 허허허."

교토 동지사의 윤동주 시비.

그렇게 웃음소리로 밤이 깊어갑니다. 비워 넘긴 술잔만큼이나 아직 못 다한 이야기가 많은 밤입니다. 선생이 다니는 '立命館'대학은 코리아타운에서 만난 강실 선생과 이복숙 선생의 삼촌인 '이덕구'가 졸업한 학교이기도 합니다. 자연스레 코리아타운에서 나눴던 대화와 함께 이덕구가 일본 학도병으로 지원했던 이야기도 나옵니다.

일제강점기 말, 다양한 방법으로 독립운동이 벌어지던 시기, 교토에 유학한 조선학생들은 당시 태평양 전쟁을 준비하는 일본군에 학도병으로 지원하여 무기를 빼내오자는 모의를 합니다. 하지만 발각되어 실패하게 되고 주동자들인 송몽규, 윤동주 등이 잡혀가게 됩니다. 그들은 통일 운동을 하다 최근에 돌아가신 문익환 목사의 친구들이기도 합니다.

이런 저런 이야기들을 들은 순례자들은 다음날 교토에 있는 '同志社'대학을 찾았습니다. 그곳에 시인 정지용과 윤동주의 시비가 있기 때문입니다. 교토를 가로지르면 흐르는 '가모가와'를 보며 고향을 그리워했고, 스스로 '하늘을 우러러 한 점 부끄럼이 없기'를 노래하던 사람들, 순례자들은 그들에게 술 한 잔 드립니다.

도쿄, 억새와 해바라기

순례자들이 도쿄를 향하던 날, 먼 길 떠나는 아들 대하듯 대견스럽다며 용돈을 챙기시던 김시종 선생 내외의 배웅을 받습니다. 원산 출신 아버지를 따라 제주까지 와서 4·3역사를 겪고, 아버지가 아들을 살리려는 일념으로 밀항 보내 오사카에서 살아오는 시인. 아버지가 태워 보낸 배로 제주섬을 이별하고 관탈섬 무인도에서 3일, 그리고 배 한 척을 타고 내린 오사카. 가슴에 담고 살아온 4·3역사. 그 역사에 대해 처음 입을 열던 강연회가 생각납니다.

일본말이 섞인 강연. 고향 제주에 대한 작가 스스로 가진 죄스러움, 도망자라고 자신을 뉘우치는 이야기할 때 흘리던 그 눈물은 잊지 못합니다. 재일조선인 차별이 심한 일본이지만 그렇다고 제주에 가볼 생각은 아예 하지 못하였습니다. 먹고 살기에 바쁘기도 했지만 그보다 자기로 인해 고향에 남은 친인척들이 다시 힘들게 될까 봐 신분을 숨기며 살았습니다.

그러면서 선생이 스스로 재일동포라는 것을 깨달은 것이 언젠가 꿈을 일본말로 꾸고 있는 자신을 알면서부터라 했습니다. 꿈을 일본말로 꾼다는 것과 아리랑 곡조가 바뀐 것, 그러나 그보다 더 중요한 것은 재일동포의 존재는 통일을 해야 하는 우리민족에게는 윤활유 같은 존재라던 선생이 말이 가장 가슴에 남은 오사카였습니다.

4·3역사에 고향을 이별한 사람들은 다양한 방법으로 다양하게 삶을 살고 있습니다. 각자 가치관을 유지하며 열심히 살고 있는 재일동포. 스스로 경계를 살기에 그 경계를 극복하고 평화로운 삶을 그리워합니다. 그래서 많은 다양성이지만 단 하나 같은 것, 통일나라입니다.

동아시아는 불안합니다. 동아시아 평화를 당기기 위한 노력들을 하는 사람들이 제주를 많이 찾습니다. 그 중에는 일본인들도 많은데, '무라카미나오코(村上尙子)' 선생과 인연은 그가 제주에 유학할 때 '김동일' 할머니에 대한 이야기가를 자주 나누었습니다.

김동일 선생집을 찾은 순례자들-무라카미나오코 상, 김경훈 시인, 김민수 대표, 우연한 만남 유미코 상, 최상돈 가수 등이 할머니가 운영하는 도시락 집을 찾았습니다. 일본 특유의 좁은 계단을 올라 2층에 나름 응접실로 우

故 김동일 할머니의 생전 모습.

리를 안내합니다. 이내 다시 아래로 내려가서 과일을 내오시는 김동일 할머니, 몸은 느리나 마음은 아주 가볍게 우릴 맞는 게 느껴집니다. 응접실에는 이곳저곳에 해바라기 조화가 꽃병에 꽂혀 있고, 책꽂이에는 책들이 빽빽합니다. 미리 온다는 소식에 손님 대접을 위해 준비한 것을 다하고 나서야 자리에 앉습니다.

김동일

항일독립운동가 아버지 김순탁의 딸로서 아버지 명예에 부끄럽지 않고자 어린 나이에도 통일독립전취운동에 도움이 되고자 '레포' 활동을 한 김동일. 1932년 제주도 조천에서 태어나 해방 후 조천중학원을 다니던 때, 동무인 김용철 학생이 경찰에게 고문으로 죽자, 조천 사람들과 함께 그에 항의하는 시위를 한다. '제주도인민무장투쟁사'를 공동 집필한 김민주(도쿄 거주) 선생도 조천중학원 동창생. 당시 조천중학원생들 중 많은 이들이 마을과 마을, 마을과 산을 오가며 연락원 활동을 한다.

김동일은 1949년 초 함께 활동하던 동무들과 토벌대에 잡힌다. 제주경찰서에 수감될 때는 발가벗겨져 매질을 당하였고, 100여 일 후 광주형무소로 옮겨진다. 어머니가 돈을 써서 석방된 후 이모가 여관을 운영하는 목포로 간다. 한국전쟁이 나자 지리산에서 1년 정도 활동을 한다. 결국 고향 제주로 갈 수 없었던 그는 일본에 사는 제주 출신 남자와 결혼하여 1958년 일본으로 왔다.

'통일되면 한나산에 렬사들의 이름 새기기라'

할머니가 쓴 글 제목입니다. 글은 '조국통일 바라며'로 마무리됩니다. 이어 소중하게 꺼낸 쪽지 한 장을 순례자들에게 보이며 직접 낭송합니다.

억울한 죽엄을 슬퍼마세요

아--- 한 방울의 이슬은 피가 되어

영원히, 영원히 4·3을 빛내리!!

거룩한 죽엄을 슬퍼마세요

아--- 한 방울의 이슬은 피가 되어

영원히 빛나리라

2006년 3월

作 金東日 日本 東京都 江戶川區 中葛西 2-22-12

김경훈 시인이 고향 친구들 이야기를 들려 달라고 합니다.

산에서 같이 잡혀 광주형무소에서 헤어진 후 소식 모르는 금자, 먼저 잡혀와 모진 고문에도 자신의 뜻을 굽히지 않던 김옥희 언니, 20살 위인 사촌 언니 김동환. 군인과 강제 결혼 당한 애정이는 요코하마에 와서 살다가 아이 2명과 같이 자살을 기도했는데 아이들만 죽었습니다. 다 보고 싶습니다. 변치 않고 살아온 지난날은 후회 없다 하시면서 노래를 합니다.

♬ 해방은 됐지만 야단이 났네 이 집 가도 저 집 가도 먹을 걱정
감자는 비싸고 보리쌀은 없고 이래서는 안 되겠다 근로 대중아

처음으로 직접 듣는 목소리라 할머니 특유의 작은 떨림은 가슴에 더 강하게 다가옵니다. 고향에서 헤어진 친구들을 그리워하며 그 마음을 담은 해바라기 씨를 나오코 선생에게 전하며, 제주에 뿌려 달라던 김동일 할머니. 순례자들도 노래로 답을 해 드립니다.

♬ 억새와 해바라기 (김경훈 글, 최상돈 곡)
1. 해바라기 꽃씨 하나 심어 주고파 고향에서 헤어진 동무 보고파
동무 동무 내 동무 그리운 형제 죽어서나 만날까 그리운 고향
2. 어욱밭 속 우리는 질긴 뿌리로 이어지고 이어진 하얀 봉화꽃

무수한 인민들 뭇별이 져도 해가 뜨면 돋아나 해바라기 꽃
3. 온 벌판을 태워도 다시 태어나 먹 밤이 깊을수록 아침 찬란해
억새 깊은 어둠을 먹는 빨치산 지는 해도 내일의 기약이란다
4. 너른 억새밭 우로 솟는 아침 해 우리들은 어욱밭 먹고 자랐다
인민들 위하여 싸우다 지는 별이 되어 사라진 해바라기 꽃

극단 달오름 '약속, 그날'

지난 군대환 뱃길에서 순례자들이 나눈 약속, 그 약속을 실천합니다. 달오름 작품 '약속, 그날'을 준비하며 적었던 글들, 대본이 되어 달오름 배우들의 입을 통해 관객을 만납니다.

아버지의 편지

고향에 있는 동무들아… 보고 싶구나.
어째 살아 있긴 한 건지… 야속한 세월 같으니…
뭐 다들 그때 한라산에 몸을 의탁했겠지. 내 그대들 등지고 고향 떠나올 때에 미안한 마음 숨길 수 없어 한없이 울고 울며 내린 곳, 이역 땅 오오사카. 갈라지는 조선을 막기 위해 그렇게 무던히도 노력하던 우리들이지만 지금은 그 어디에도 우리들은 없는가 보네.
그래도 덜 부끄러운 삶을 살자고 내 그대들의 위대한 역사를 위해 그대들과의 소중한 기억을 짧은 필발로나마 책 한 권 남기려네. 나로 인해 '조선'이라는 지구상 어디에도 그 실체가 없는 나라에 남겨진, 그래서 자신의 고향이라 생각하

는 제주도 그 섬에도 가지 못하고 멀리서 상상만 하는 그 삶이란… 내딸 시원에게도 부끄럽지. 그렇지.

사실 우리 그때 조금 더 노력했어야 했지. 그래서 우리나라가 남북으로 나뉘지 않고, 우리 꿈도 이루어졌더라면 우리 딸은 지금처럼 외면당하는 존재가 아니지 않았겠나 하는 생각… 참 부질없는 생각… 하지만 정말이지 그 때 우리들이 그리던 그 꿈이 이루어졌더라면 하는 생각은 아직도 미련이 남아 떨치지 못하겠구먼. 그 우리의 꿈이 이루어졌더라면, 지난 1964년 그 굴욕적인 한일수교인가 할 때 한국이나 일본을 선택하라고 강요받는 어처구니없는 상황은 없었을 테니까 말이지, 안 그런가? 뭐 나야 선택이 어디 있었겠나. 아무 선택도 안하고 그대로 눌러 앉는 결정을 했지. 선택의 필요성이 없었으니까 말이지.

지나고 나서야 나름 내 반성을 해 보네, 그 선택과 결정이 뭐길래 우리 딸자식에게도 멍에가 되느냐 말이지. 다 나의 불찰이고 노력이 모자란 탓이지 뭐겠나. 이런 아버지를 우리 딸이 안 다면 또 뭐라 할 것이며…

여보게 동무들! 그래도 그 녀석 아버지의 나라는 남도 북도 아닌 아버지가 태어난 조선이라며 그것을 지키고 싶다고 하네 그려. 아버지의 나라가 어디인지도 밟아 보지도 못한 녀석이, 꿈에서나 그려 보았을까? 이역 땅에 태어나 아버지 나라를 그대로 물려받은 죄, 그게 원죄가 되어 버린 녀석. 그러면서 그 불안한 나라를 온전하게 만들어야 한다면서 나름 후학 양성을 한다네. 허허, 그리고 보면 내 딸이 맞긴 한 가 보네.

길어졌네. 동무들 좀 있다 보게나. 내 곧 그리 가겠네. 아니 오랜만에 고향말로 허여보카?

흐끔 싯당 보게이? 나도 그더레 감서. 나도 이젠 버치다. 내 기력도 쇠하였네.

글을 적다 보니 좀 후련하긴 하네만 끝내 우리 딸 시원이에게 아버지 부끄러운 역사를 고백하지 못하고 가야 할 지 싶어, 그게 미련이구만.

그리고… 사랑하는… 내 딸 시원아… 여전히 조선에 살고 있는 우리 딸 시원아. 고맙고, 고맙다~! 이 못난 아버지 소원은 못 이루었지만, 그 소원 우리 시원이가 이루려고 한다는 것, 이 아버지가 다 안다. 부디 그 소원 하늘에 닿아 통일된 온전한 우리나라에는 건강하고 새로운 우리 시원이 닮은 아이들이 살았으면 하는 바람 가져본다. 자식들 건강히 잘 키워라. 건강해라, 너도 식구들도.

2009년 4월
조국분단을 막지 못한 부끄러운 아버지 양석종

마지막 빨치산 최후진술 1.

나의 죄는 도둑질을 하고, 불을 붙이는 거 도와주고, 사람 죽이는 것을 막지 못하고, 부모형제 우리 식구들을 지키지 못하였습니다. 전 그저 제주도에 살다가 제주도에서 붙잡히고 제주도에 계속 살고 싶어서 그 제주도 사람들과 어울렸습니다. 저를 잡아간 그 사람들이 어떤 사람들인지는 그렇게 궁금하지 않았습니다. 다만 서로 인사하면서 제주도 동서남북에서 다 모인 사람들이어서 서로 반갑게 인사하고 먹을 거 입을 거 나누다 보니 가까워지고 지금껏 내 목숨도 붙어 있으니 고마울 뿐입니다. 그게 혹시 죄가 된다면, 제주도, 섬에 태어난 게 죄겠지요. 그럼 뭐 할 수 없지요. 죗 값을 받을 수밖에.

마지막 빨치산 최후진술 2.

제 나이 이제 40. 부모님이 나를 낳으셨을 때는 대한민국은 없었습니다. 내 나이 30세 되던 해, 마을이 불타고 사람들이 죽었습니다. 나중에 안 사실

오사카에서.

이지만, 그게 다 대한민국 때문이었다는 것을 알았습니다. 그래서 저는 산에 가게 되었습니다. 우리 마을과 우리 식구, 그리고 내 아내를 죽인 대한민국을 피해서 말입니다. 이후 사태 돌아가는 것을 산에서 알게 되었습니다. 대한민국은 이제 겨우 10살, 내가 산에 들어갈 때 8개월이었던 아들이 지금은 10살이 되었을 것입니다. 빨리 보고 싶습니다. 부친은 지금 83세입니다. 부친을 모시고 아들놈하고 농사지으면서 살면 좋겠습니다. 그게 대한민국이건 어디건 간에 말입니다.

- 제주도 빨치산들 많은 수는 그렇게 남도 북도 아닌 조선에 남았다. 그리고 1964년 재일동포들 중 많은 수가 남과 북이라는 분단을 선택하지 않고 그냥 조선에 남았다.

말이 통하든 말이 안 통하든, 동포들과 함께 만든 달오름 10주년 작품 '약속, 그날'. 작품을 위해 제주도에서 벗들이 옵니다. 김경훈 시인과 양천우 화가. 마중 가는 길, 비가 내립니다. 제주에 비가 내리면 이튿날 정도는 그 비가 오사카에 내립니다.

'아무래도 천우(川雨)가 비를 데리고 오나 보다.'

'홈마니? 천우오빠 이름입니까? 재밌습니다. 하하하 하하'

간사이공항을 향하는 달오름 변령나 부단장이 운전하는 차 안은 그렇게 웃음소리가 들립니다. 제주도에서부터 비와 함께 이역 땅 오사카까지, 그날의 약속을 위하여 제주도 풍경을 광목천에다 그려 넣고 오는 양천우 화가. 그가 그린 그림이, 동행하는 김경훈 시인의 응원이 부디 고향을 가지 못하는 동포들에게 선물이 되길 바랍니다.

오사카항으로 우리 순례동행들을 마중 온 극단 '달오름' 김민수 대표, 그가 사는 히가시오사카를 가려면 오사카 시내를 동서로 관통하는 도로를 지나야 하는데, 신기한 일들이 생긴다. 그의 삶처럼 그가 사는 집을 가려면 통과높이를 제한하는 굴다리를 여러 번 지나는데, 공교롭게도 그 숫자들이 눈에 든다. 3.8미터와 4·3미터. 그도 우리네도 남과북으로 헤어진 마음들이 만나려면 3.8을 넘어야하고, 4·3을 이어내야만 한다. 그리고 다음날 교토순례길에 교토역에서 만난 이미지는 이를 조금이나마 보상받는다. 교토역에는 '남북자유통로'가 있다.

　세 가지 이미지를 곱씹으며 떠올린 것은 해방과 4·3당시 제주도민들이 즐겨 불렀다는 노래다. 당시 최고 유행가인 '청춘가'에 가사만 달리 부른 것. 오사카 코리아타운에서 산 한라산과 평양소주를 섞은 '통일주'를 마시면서 다시 흥얼거려본다.

　2.8이란 것은 청춘의 노래요
　3.8이란 것은 악마의 노래라
　무정한 군대환은 무사 날...

억새와 해바라기
-김동일 할머니의 노래-
(2003)

느리게 시작해서 중판으로 김경훈 시, 최상돈 곡

해 바 라 기 꽃 씨 하 나 심 어 주 고 - 파
어 욱 밭 속 우 리 - 는 질 긴 뿌 리 - 파 로
온 별 판 을 태 워 - 도 다 시 태 어 - 나
너 른 억 새 밭 우 - 로 솟 는 아 침 - 해

고 향 에 서 헤 어 - 진 동 무 보 고 - 파
이 어 지 고 진 을 수 록 하 얀 봉 화 꽃 해
먹 밤 이 깊 을 수 록 아 침 찬 란
우 리 들 은 어 욱 - 밭 먹 고 자 랐 - 다

동 무 동 무 내 동 - 무 그 리 운 형 제 -
무 수 한 - 인 민 - 들 롯 별 이 저 - 도
억 새 깊 은 어 둠 - 을 먹 는 빨 치 산
인 민 들 - 위 하 - 여 싸 우 다 지 - 는

죽 어 서 나 - 만 - 날 - 까 그 리 운 고 - 향
해 가 뜨 면 돋 - 아 - 나 해 바 라 기 꽃 다
지 는 해 도 내 - 일 - 의 희 망 이 란
별 이 되 어 - 사 - 라 - 진 해 바 라 기 - 꽃

평화공원, 그 이름값

제주섬이 평화공원

 제주시 명림로 430. 제주4·3평화공원의 주소다. 제주시내와는 거리가 좀 되는 한라산 중턱이다. '4·3해원방사탑'에서도 직선거리로 10km정도 되니, 그 입지 선정 이유에 말이 좀 있었던 터다. 행정당국도 공원을 조성하면서 공원 터와 관계된 이야기를 찾던 중 '변병생 모녀 이야기'를 찾아내어 작품을 의뢰하였으니, 그것이 지금 평화공원에 있는 '비설'이다.
 그러나 제주4·3이야기는 제주섬 어디에나 있듯이 좁은 시각으로 제주4·3을 볼 일도 아니다. 그래서 4·3공원이라는 그 이름값에 대한 것들을 찾아보는 길. 한때는 미래를 꿈꾸던 이 길에서 제주사람들은 깊어가는 계절만큼 더 깊은 한라산으로 들어갔다. 그리고 결국 한겨울 추위와 배고픔을 견뎌내야 했고, 그렇게 死삶으로 이별을 맞았다.

진상규명운동과 회복할 명예

 1999년 12월 16일 국회 본회의에서 '제주4·3사건진상규명및희생자명예회복에관한특별법'이 통과된다. 2000년 1월 11일 청와대에서는 4·3희생자 유족과 시민단체 대표 8명이 지켜보는 가운데 당시 김대중 대통령이 4·3특

4·3평화공원 항공사진.

별법에 서명한다.

1960년 4.19혁명으로 제주대학생들의 4·3진상규명운동이 촉발되고 난 후, 5.16쿠데타를 일으킨 박정희 정권은 침묵을 강요한다. 1978년, 현기영이 '순이삼촌'을 통해 사건진상과 상처를 드러냈으나 공안당국은 이 소설을 금서로 지정하고, 작가를 연행하여 고문한다.

1987년 6월민주항쟁 이후 다양한 진상규명 운동이 봇물처럼 쏟아진다.

모녀상. 강문석 등 공동 작품. 4·3 당시 폭설 속에서 피살되어 얼어죽은 모녀를 작품으로 남겼다.

1989년에는 제주지역시민사회단체들이 창립되고 '제1회 4·3추모제'를 공개적으로 개최하기에 이른다. 그리고 1991년 다랑쉬굴 희생자가 발굴되면서 4·3의 역사적 실체가 드러나기 시작했고, 반목하던 시민단체와 4·3유족회도 함께 합동위령제를 봉행하기에 이르자, 정치권도 제주도의회 내 '4·3특별위원회'를 구성하여 희생자를 접수 받기 시작한다.

　제주4·3역사가 지닌 교훈 중 하나가 스스로 선다는 독립, 자존이다. 특별법 제정은 강요된 침묵, 어둠의 역사를 스스로 나오려는 제주도민의 노력의 결과였다. 그 결과 제주4·3평화공원이 조성되고, 4·3평화기념관이 건립되었으며, 2003년에는 노무현 대통령이 대한민국 국가원수로서 제주도민에게 공식사과하기에 이르렀다.

4·3특별법 제1조(목적)에는 '이 법은 제주4·3사건의 진상을 규명하고 이 사건과 관련된 희생자와 그 유족들의 명예를 회복시켜 줌으로써 인권신장과 민주발전 및 국민화합에 이바지함을 목적으로 한다.'고 그 취지를 밝히고 있다. 목적대로라면 4·3평화공원은 이에 부합되는 내용들이 들어 있어야 한다.

사건의 진상은 무엇이며, 희생자와 유족들이 회복해야 할 명예는 무엇인지가 명백하여야 한다. 아직 정명(正名) 없이 누워있는 백비. 그러나 백비가 누워있던 시간, 그 또한 역사이기에 백비에 새길 정명을 위한 발걸음을 재촉하여, 평화를 위한 제주도민들의 노력의 결실을 맺어야 한다. 그리고 그때, 이 백비가 누워있던 사연도 기록될 것이다. 명예는 당당하고 의로워야 한다.

공간 속 기억

제주4·3평화공원에는 여러 공간이 있다. 공식 접수된 희생자 명단을 새긴 위패봉안소와 각명비, 그리고 행방불명자 묘역이 있다. 최근에는 4·3희생자유해발굴사업으로 수습된 희생자유해를 보관하는 봉안관도 들어서 있다. 비설, 귀천, 해원 등 4·3관련 작품들이 설치되어 있으며, 곳곳에 나름 기억에 관한 의미를 붙인 공간들이 있다.

평화공원 대문은 정확히 어디인지 가늠이 잘 안 될 수 있다. 여타 출입문들처럼 잠그거나, 열거나, 닫는 구조물이 없기 때문이다. 그렇다고 정문이

4월 3일의 4·3평화공원 위폐봉안소. 유족들은 다른 어떤 곳보다 먼저 이곳을 찾아 부모형제의 위폐를 찾는 일을 우선한다.

없는 것도 아니다. 평화공원버스정류장에 내리면 현무암들을 창살 안에 넣은 벽 설치물이 눈에 들어오는데, 이것이 바로 정문이다. 그곳에 현무암들은 사람의 두개골 정도 크기라서 마치 그것을 상상하게 만든다.

입구를 들어오면 초대광장에 쉼터와 함께 연못이 있고, 광장 왼쪽으로는 평화기념관이 있다. 공원관리사무실과 4·3평화재단, 4·3희생자유족회, 4·3연구소 등 관련단체들이 여기에 사무실을 두고 있다. 평화기념관 안에는 상설전시실이 있는데, 4·3의 배경에서 결말, 그리고 미래에 대한 내다봄까지 펼쳐지는 스토리텔링 공간이다.

 연못을 지나면 하늘을 향해 위령탑이 서 있고, 맞은편으로 '귀천'이란 작품 너머로 하늘을 향해 계단이 보인다. 마치 'Stairway to Heaven' 같은 그 계단을 오르면 추념광장이 펼쳐져 있다. 추념광장은 공원의 제일 높은 곳에 자리하고 있어서 제주시 북쪽 바다를 볼 수 있으며 남쪽으로는 거친오름과 위패봉안소 사이로 좁게나마 한라산을 볼 수 있다.

 추념광장을 지나 위패봉안소 오른쪽을 끼고 행방불명자 묘역이 있고, 그에 이웃하여 유해봉안관이 있다. 이웃하여 거친오름이 있으며 한라산이 넓게 펼쳐져 보인다. 지난 60주년 때 전국형무소를 돌아 혼백을 불러들여 모신 행방불명자묘역은 평화공원 내 유일한 묘역이다. 4·3역사에 행방불명자가 3천 5백여라니 아직 채워야 할 역사가 있다.

 노루생태공원으로 조성된 거친오름 기슭을 따라 속칭 머흘뿔은 가오리오름과 절물오름, 거친오름으로 둘러쳐져 마치 분지 같아 보인다. 지금도 숲이 우거져 있지만 당시에도 용강마을과 무드내, 월평, 영평, 회천, 봉개사람들은 이곳을 수시로 드나들어야 했으며, 멀게는 도련, 삼양, 화북사람들까지 5.10선거를 반대하며 잠시 몸을 피했던 곳이다.

 1948년 11월 이후 대토벌 시기에는 다시 이곳으로 와 토벌을 피하여 겨울을 나던 곳이다. 이곳을 지나 더 깊은 한라산으로 들어간 사람들은 교래리 지경인 새왓ᄆ루(이덕구산전으로도 불림)까지 가서 지냈다. 그곳에는 당시 사람들이 지냈던 흔적인 솥단지 등이 깨어진 채 있으며, 움막터와 사기그릇 등이 아직도 발견되고 있다.

 1949년 2월 20일 오전 10시경, 군경토벌대는 용강리를 불태우기 시작했다. 사람들은 거친오름 뒤편 샛머흘로 피신했다. 군인들이 바로 추격했지만 가시덤불로 막혔다. 어머니 품에 안겨 있던 어린아이가 울었다. 군인들은 그 아이 울음이 들리는 숲속으로 총을 난사했다. 28세와 18세 남성이 총에 맞아 숨졌고, 다리 부상 입은 이가 그날을 기억하며 살았다.

1949년 2월 4일(음력 1월 7일)에 있었던 제주읍 동부지역 여덟 마을에 대한 대토벌을 소위 '동부8리 작전'으로 표현된다. 8리라고는 하지만 구분점이 명확치 않다. 자연마을인 그 당시 이름과 지금 부르는 이름이 혼재하기 때문이다. 가시나물, 다라쿳, 무두내, 봉아름, 새미, 도련, 맨촌. 이름만 남은 원지므루, 솔챙이왓, 강전이굴, 드르생이, 새가름, 산물낭우영…

제주시 죽성마을 설새미주둔소를 출발한 토벌대는 서에서 동으로, 삼양 주둔 토벌대는 도련을 거쳐 회천으로 올라 봉개동을 훑으며 4·3평화공원 인근까지 그야말로 토끼몰이였다. 공회당 앞밭, 소낭굴, 석구왓궤, 고냉이술궤, 대밧굴, 무두내 대룡소, 노개동산, 멀왓동산, 추낭가름, 감낭우영, 봉아름, 명도암오름, 대나오름, 못밭, 샛머흘, 머흘뿔……

증언마다 나오는 지명들을 나열하다 보면 가슴이 아리다.

이 작전에 나선 토벌대는 소낭굴에 있던 이덕구 선조무덤 비석에 총질을 하여 '꺾여진 비석'이 생겼다. 이 비석은 가족묘가 조성되면서 무덤 이장과 함께 그곳으로 옮겨졌다.

이렇게 다니다 보니 4·3평화공원이 조성되던 초기, 외로워 보이던 역사적 공간은 점점 그 외로움에서 벗어나고 있었다. 사실 제주섬 어디나 4·3이야기는 존재하니 굳이 평화공원입지 조건을 왈가불가한다는 것 자체가 우습고 슬픈 '웃픈'얘기다.

지난 4일 상오3시를 기하여 제주읍 봉개지구에서 함병선(咸炳善) 연대장 지휘

4·3평화기념관 전경.

하에 육해공군 합동작전이 전개되어 방금 무장폭도와 치열한 격전을 하고 있다 하는바, 그동안 제2대대 제7중대의 과감한 용사들은 소위 인민군 재판장 강태문, 암살대장 박응수 등을 비롯한 폭도 간부들을 체포하고 제3대대에서는 반란군 1등중사 고영준을 체포하는 등 다대한 전과를 거두었다고 하는데 판명된 전과는 다음과 같다. 사살 360명, 포로 130명, 기타 식량, 의류 등 다수 압수(국방부 검열제)제주 발 합동

〈조선중앙일보, 대동신문 1949년 2월 9일〉

그날 상황에 대한 당시 기사에는 360명 사살, 130명 포로로 나온다. 압수품은 식량과 의류뿐 총기는 없음이라더니, 그런데도 무장폭도와 치열한 격전을 하였다 한다. 초토화작전도 그들에게는 작전이라 하는가? 군사작전이라 하면 마치 공적 업무처럼 보여 정당성이 부여되는 것일지 모르나, 초토화작전은 국제법 위반이며, 역사는 그것을 인정하지 않는다.

제주4·3은 마을 이름도 바꿔 놓았다. 마을사람들 스스로가 역사를 극복하려는 의지로 바꾼 경우도 있지만 '함명리'처럼 불순하게 타의에 의해 바뀐 경우도 있다. 당시 이 전략촌 사업을 담당한 연대장이 '함병선'이고, 작전과장이 '김명'이다. 그렇게 생긴 '함명리(咸明里)'는 오래 가지 않고 사람들은 다시 이전 이름인 봉개리로 되돌려 오늘에 이르고 있다.

동부8리대토벌 이후 토벌당국은 선무공작을 병행하면서 마을마다 성을 쌓아 사람들을 관리하기 위한 일종의 격리시설인 전략촌을 만들기 시작한다. 물론 이 일에도 성을 쌓는 힘든 노동일은 마을 주민들의 몫으로 남는다. 제주시 동부지역 8개 마을, 기억에는 선연한 이름들. 웃무두내, 알무두내, 가시나물, 다라쿳, 도련드르, 맨촌, 새미, 봉아름.

증언에 나온 1949년 음력 1월 7일은 양력으론 2월 4일 봄의 시작 '입춘'이었다. 예로부터 제주에서는 이 시기를 '신과세제'라 하여 인간세상을 관리하는 신들이 바뀌는 때다. 1949년 입춘. 오는 봄을 무참히 짓밟은 일이 평화공원 가는 길 들녘에 있었다니. 새로운 신이 내리기 전 동티나지 않게 집안 주변을 고치거나 깨끗이 하고 신들을 맞이할 준비는.

이미 동틸날 대로 동티나 버린 제주섬, 신과세제는 아무런 의미가 없었을지도. 새로운 지배 권력에 의한 죽임만이 있었을 뿐. 1949년 2월 4일 입춘은 같이 신인동락(神人同樂)할 인간세상이 그 모양이었으니, 강림하던 1만

8천 신들조차 맞이해 주는 이 없으니 도올라 하늘을 갔을지 모를 일이다. 신도 사람도 없었으니 제주 공동체는 텅 비어가기 시작했다.

기억 속 공간

2008년 2월 3일 이른 10시 제주시 4·3해원방사탑에 순례자들이 모였습니다. 입춘을 하루 앞두니 쌀쌀합니다. 4·3해원방사탑은 4·3 50주년을 기념하여 세운 것입니다. 그런데 그 위상과는 달리 점점 관심 밖이 되더니 오늘따라 외로워 보입니다.

순례는 ᄀ.우니ᄆ.루와 별도봉을 지나 화북천을 건너면서 시작됩니다. 화북천은 여러 갈래 물길이 모여 잃어버린 마을 곤을동을 감싸면서 바다로 갑니다. 제일 긴 물길은 한라산 중턱 흙붉은오름에서 모임이고, 그 물길은 산천단 지경에서 다른 물길과 만나 아라동 막은내(防川)가 됩니다. 화북천의 또 다른 줄기는 4·3평화공원 남서쪽 일대에서 모인 물길인 부록천인데, 이 두 줄기 물-막은내와 부록천이 만나 화북천을 이룹니다.

1948년 5월, 단독분단선거를 반대하기 위해서 평화공원 인근 머흘뽈로 갔던 화북사람들은 이 화북천을 따라 올랐습니다. 당시 용강마을 사람들 증언에 의하면 화북, 삼양에서 사람들이 자신들의 마을로 많이 올라왔다 합니다. 삼양사람들이 따라 걸었던 삼수천 상류는 대롱소천이라 하는데, 4·3평화공원 북서쪽에서 모인 물길입니다. 화북천과 삼수천이 쓰다듬는 마을에 사는 사람들. 그 봄에는 다같이 '한라산자락백성들'이 되어 꽃으로 핍니다.

순례자들은 화북천이 품은 마을인 거로를 지나 도련드르와 맨촌을 가로질러 회천(回川)마을을 찾았습니다. 샘물이 솟아 새미마을. '산물낭우영'이라는 4·3 때 불타 없어진 마을에는 정원에 미륵불을 모셔 놓은 화천사라는 절이 있습니다. 그 옆에 4·3위령비가 있습니다. 지금에야 마을마다 위령비를 세우는 게 당연하고 흔한 일이 되었지만 '우리 마을에는 4·3 때 희생된 사람 엇수다'라고 숨기던 시절이 있었습니다.

위령공간도 마을마다 사연에 따라, 다양하게 만들어지고 있습니다. 그중에도 위령비는 아직도 이념의 굴레를 느끼게 되는 문구와 모양들이 눈에 띠는 경우가 많습니다. 여기 새미마을 위령비는 그냥 제주돌에 '四·三犧牲者慰靈碑'라고 적었습니다. 그리고 그 옆으로 희생자 명단을 적은 비석과 위령비 건립문, 위령비를 세우게 된 연유를 적은 비석을 세워 놓았습니다. 그중 하나를 옮겨 적습니다.

4·3의 광풍이 지나가고 흩어졌던 남은 이들이 하나둘씩 고향에 찾아들어 초막을 짓고 다시 마을을 이뤄 살아가고 있지만, 이미 가버린 이들의 그리운 모습이며 정겨운 목소리는 마을 어디에서도 찾아볼 수 없고 사람의 마음은 참으로 무정한 지라 이제는 점점 그 옛날의 비극이 잊혀 가는데 가신 분들의 넋은 아직도 이 마을 곳곳에 머물러 있을 것임에, 비록 오랜 세월이 흘렀지만 죄 없이 희생된 그 분들을 잊지 않고자 온 마을의 정성을 모아 이곳에 위령비를 세우니 원혼들이시어, 이제 그 가슴에 맺힌 한을 풀어 고이 잠드시옵소서.

서기2007년 12월 일
동회천(새미) 마을회

동회천 4·3희생자위령비.

　동회천 마을 동쪽 마을 어귀에는 제주도 인민유격대 2대 사령관을 지낸 '이덕구'의 가족묘가 조성되어 있습니다. 2007년 음력 10월 20일. 후손들이 흩어져 있던 조상묘를 이장하여 이곳으로 모으면서 4·3에 희생되어 시신 없는 조상들까지, 4·3 때 총탄에 꺾여진 비석까지 모두 모아 새롭게 조성한 곳입니다. 웃대는 물론 형제, 조카, 부인과 아이들까지. 각각의 비석에는 출생과 활동, 사망까지를 적었으나, 자세한 희생 설명은 없이 축약하였습니다. 가슴쓰린 사연을 넣기도 힘들었던 유족들 마음이 전해집니다. 비문 내용입니다.

그들의 외침 결코 헛되지 않으리

진드르 껴안은 신촌리엔 선지자 네 분 계셨다.

진달래꽃 흐드러지게 피어 한라산 골짜기마다 산새 지저귀고
물오른 나무 이파리 프르름 가득하여 평화와 희망을 목청껏 노래하던
그해 무자년 4월 초승 제주 온 섬 아수라장

누가 우리 부모 형제를 범하는가 누가 우리 친구 이웃을 범하는가
이건 아니야! 친구여 형제여 이웃이여 당하고만 있을쏜가
분연히 일어나 불쌍한 백성 함께하자

59년 전 산에서 들에서 골짜기에서 제주 백성에게 외치던 그들의 함성 들립니다.
온몸을 불사른 신촌(新村) 마을 네 분 선지자
이호구 선생. 이좌구 선생. 이덕구 선생. 이순우 선생

이제는 구천에서 고이 내려오소서 맺힌 원혼을 푸소서!

이덕구 가족묘 전경.

살아있는 우리가 앞에 나서 저 산새들 울음 멈추게 하리오

아! 어찌 이들 네 선지자를 잊으리오 이 민족을 사랑했고 온 백성을 다독이던
그 정신 그 애국심 후세에 남기려 작은 정성 모아
여기 작은 돌에 이름 석 자 새겨 영원히 기리리라.

글. 이승익 세움. 장동훈

속칭 '꺾여진 비석'으로 불리던 이덕구 조모의 비석. 이 비석은 당시 토벌대에 의해 총알을 맞고 두 동강난 채 방치되어 있다가 새 가족묘로 이전하면서 함께 옮겨와 보존하고 있다.

회천동 들녘, 토벌대 총탄에 '꺾여진 비석'이 있던 소낭굴을 거쳐 고냉이술궤도 지나면 멀리 4·3평화공원이 보입니다. 그 너머 한라산까지. 그 한라산들녘마다 사람들이 소풍하던 기억 속 공간들, 거친오름과 절물오름, 개오리오름 삼형제, 이들 오름사이로 못밭, 샛머흘, 머흘뿔. 간간이 4·3 그 날의 흔적들도 볼 수 있습니다. 5·10단선 거부를 위해 몸과 마음을 의탁했던 봄부터 대토벌에 쫓기던 겨울까지 '빗개' 신호 따라 수도 없이 드나들었던 공간입니다.

한라생태숲으로 유명한 '한모루'는 아라, 오둥리에서 '문도왓'을 거쳐 오른 공간입니다. 그 한모루도 쫓기면 더 더 높은 '웃한모루'를 갔습니다. 개오리오름은 이렇듯 추운 기억을 품은 공간입니다. 한라산 유격대 2대 사령관 이덕구가 이 오름자락 어디에서 마지막 담배를 물었을지 모릅니다. 그리고 마지막 총성이 울렸겠지요. 김창집 선생이 쓴 '섬에 태어난 죄-산전'을 다시 떠올리게 합니다.

평화공원은 북쪽으로 바라보이고, 돌아서면 물장올 너머 한라산이 보입니다. 마지막 빨치산으로 알려진 오원권과 젊은 '한순애'가 걸어옵니다. 그 너머로 한라산 정상이 보입니다. 그 서쪽 너머로 어승생오름에 붉은해가 노을에 걸쳐지기 시작합니다. 관음사의 가을은 깊어만 가고, 용강마을 들녘에

故 김경률 감독의 묘.

봄은 찔레꽃이 하얗게 핍니다. 다시 여름, 산수국이 평화공원 행방불명인묘역 울타리따라 파랑으로 역사를 쓰기 시작합니다.

   행불인묘역 못 미친 들길 따라 형제오름을 끼고 돌다 보면 제주시 바다가 멀리 보이는 곳이 나옵니다. 1948년 5월. 5.10단독-분단선거를 반대하여 산을 갔던 사람들이 선거 기간 이후 다시 고향으로 돌아가는 상상을 합니다. 화북삼양으로 이어진 삼수천을 따라 용강마을 사람들이 머흘뿔을 향해 걸었을 들녘을 봅니다.

거친오름 아래로 평화공원 위패봉안소가 보입니다.

평화공원에서 내려다보이는 용강마을 들녘에는 처음으로 4·3장편영화를 만든 '끝나지 않는 세월'의 故 김경률 감독의 묘도 만날 수 있습니다. 그가 돌아가신 후 순례자들은 지난 2년간 5월 초에 이곳을 찾아 고사리도 꺾고 노래도 부르며 지내다 내려갔습니다. 1948년 5월, 단선단정선거를 거부하면서 산을 올랐던 그날처럼 산을 가던 '한라산자락 백성들'입니다. 김경률 감독을 만나던 그 길을 순례동행들은 '소풍'이라 부릅니다.

그곳에서는 그가 남겨준 노래를 부릅니다. 그가 만든 영화 장면입니다.

어린 배우 용준이가 밤에 산으로 가던 형을 따라 마당을 지나 올레를 나서며 뱉은 말.

"형~"

형을 부르던 그 아이 어머니, 아들 살리려 서북청년에게 시집가고, 그 아이는 자라 찾아간 늙은 어머니의 집, 올레 돌담에서 불러 보는 낮은 목소리.

"어머니…"

제주사람들은 이미 용서하며 살고 있을지 모릅니다. 그런데도 용서를 말하는 것은 용서를 구할 사람들이 나타나지 않기 때문이겠지요. 무책임한 그들의 역사적 만행이 드러나고 있음에도 아직도 이념적 굴레를 씌워 자신들을 보호만 하려는 사람들과 우리는 역사를 살고 있습니다. 한쪽을 완벽하게 부정하고 싶은 사람들. 한쪽 날개를 완전히 꺾고 싶은 사람들. 그들이 말하는 평화는 평

영평마을 초입의 행방불명인 비석.

화가 아닌, 그냥 추락일 뿐입니다. 용준이 목소리가 다시 들립니다.

평화공원을 뒤로 하고 명도암오름 사잇길을 내리다 보면 눈시울이 뜨거워집니다. 멀리 신기루처럼 고향 가는 사람들이 보입니다. 死를 넘는 삶의 기억 너머, 용강마을 들녘을 내리다 보면 마을 어귀에 위령비 하나를 만납니다. '學生金公太洪慰靈碑'라고 적혀 있습니다. 돌아오지 못하는 행방불명된 이를 기리는 비석입니다. 이 비석의 주인공이 혼으로나마 고향을 찾을 때 마을 입구에 서 있는 자신의 이름이 적힌 비석을 만나면 어떤 마음이 들까요?

♬ 그것은 평화가 아니다

'잃어버린 마을'
그 사람이 살았던 마을엔 여전히 대나무가 자라고 있다
총이 그 마을을 없앴다 생각했으나 대나무는 자라고 있다
사람은 어디에나 있다
군대는 어디에나 없다
군대가 어디에나 있다면 그것은, 전쟁
제국주의 전쟁논리처럼 어디에나 있다
전쟁이 없는 것과, 전쟁 요소로 전쟁을 막는다는 것
전쟁을 막는다는 이유로 전쟁을 일으키는 것과
긴장 유지를 위해 서로의 힘을 키워 가는 것들
이 모든 것들은 언젠가 곪고 썩어서 터질 것들
또한 그걸 만든 자(본가)들로서는 터트리고 싶은 것들
새로 개발된 무기를 시험하고자, 터트려야!
그 무기들 팔아 돈을 얻고자, 터트려야!
그래서 그것은! 평화가 아니다!!

평화에 대한 기대치는 왜 사람마다 다른 걸까요? 다만 전쟁이 나지 않은 상황? 그것을 유지하는 것? 전쟁을 억제하는 것? 툭하면 말하는 미국식 표현처럼, '평화를 위한 전쟁'이란 말은 모순 아닌지요? 힘이 있어야 평화도 유지된다는 말은 긴장상태의 팽창 아닌가요? 평화공원을 걷다보면 그저 묻고만 싶어집니다.

4·3희생자 그 수가 점점 늘고, 공동묘지마다 새로 세워진 색깔-까맣고 깨

끗한 비석이 보여 찾아가 보면 대부분 4·3사연을 품은 비석. 밝혀지는 희생자 수만큼 제주4·3의 역사적 정의와 올바른 이름도 생겨야 할 터. 죽은이 없다던 마을도 이제는 그 수를 다투듯 하고, 사연 하나 모른다던 우리네 삶도 안타깝도록 사연을 말하는 오늘. 위폐봉안소안에 적힌 1만 5천을 향하는 이름들 앞에 섰습니다.

 최소 3만이라는데, 아직 올릴 이름 많은데 어디 누구는 내리라 하니. 아직 찾을 이름 많은데, 덮으라 하고. 그 죽임과 죽음이 끌어내리는 무게. 그를 이겨낼 명예가 필요합니다. 죄 없는 게 명예회복이 아닙니다. 죄라고 집행한 그 권력이 유죄여야 합니다. 아무런 이유 없다 하면 역사도 기억도 회복할 명예도 사라집니다. 억울해 말고 당당하게 의로운 역사를 살다 그 이름들 앞에서 살아생전 꾸었던 그분들의 꿈이 무엇이었나… 궁금해지는 4·3평화공원입니다.

에필로그

　기억을 되짚어 역사를 체화시켜내는 작업, 순례길. 봄이 오려면 그 눈이 눈물 되어 흘러 꽃을 피워야 하는데. 제주국제공항 비행기 굉음에 묻힌 울음 아직 있고, 이별-분단 여전한데, 이 역사에 제주4·3은 아직도 경계다.

　해방공간 속, 섬 특유의 공동체성으로 마을마다 십시일반 모은 노력으로 학교를 세운 섬사람들. 그러나 학교 공간은 토벌의 거점이 되었고, 대부분의 집단학살은 그 학교를 중심으로 이뤄졌다. 스스로 세운 학교에서 죽임을 당하고 결국 공동체도 무너져 버렸다. 그 공동체를 지키려 한 4·3은 항쟁이다.

　돌아보면 섬은 은연중에 대상이 되어있었다. 진정 제주를 사랑한다면 감히 가르치려 말고, 함부로 평가하려 말고, 그 지역에 대한 예를 갖추고, 배움의 자세로 다가오길 바라는 마음, 나 자신 스스로 다른 지역 순례를 다니면서 더 깊어져 간다.

　'우리 싸움이 승리한 적이 얼마나 있었나?' 라는 질문에 문득 '싸움 자체가 승리'라는 대답을 해 본다. 다랑쉬굴 희생자들이 폭도라고 하는 자, 그 이유가 기가 차다. 토벌을 피해 다른 이들은 해안마을로 갔는데 산으로 갔기 때문이라니. 어린아이는 폭도 아들이라서 폭도라는 둥. 하긴 당시 군경토벌대 입에서 입버릇처럼 나온 말들이니, 뭐 새삼 새로울 것도 없네.

- 조병옥 '대한민국을 위해 전도에 휘발유를 부어 모조리 죽이고 모두 태워 버려라.'

- 신성모 '제주도 도민이 모두 없어지더라도 대한민국의 존립에는 아무렇지도 않다.'

30만 도민을 죽이겠다던 당시 토벌대장 박진경추도비는, 그가 죽이려 했던 30만 도민의 이름으로 충혼묘지 앞에 버젓한 오늘, 예나 지금이나 제주도민은 대한민국 국민이 아닌가 보다. 그저 99%를 위한 대상일 뿐. 그 대상화가 싫어서 제주자존을 외치며 제 몸을 사르고 한라산을 간 양용찬 열사. 단풍이 유난히 붉어지는 가을이면 당신을 그리게 된다.

양용찬 열사 18주기 추모제를 준비하면서 마음을 다스리려 찾았던 강정마을, 그날 구럼비바위가 있는 중덕바당에서 무지개를 보았다. 그 무지개 너머 한라산 남벽의 위용이 눈에 들고, 바로 밑 방에오름 삼형제 아래 산허리를 지배한 철탑과 겹치는 대나무 노란 깃발. 신령스런 한라영주산 영실계곡으로 모여드는 물길. 노루샘물 솟은 물, 엉또를 굽이쳐 내린 물. 그 물줄기 말라도 어딘가는 샘이 솟고 솟아 사시사철 흘러 강정천은 범섬과 뜨거운 포옹을 한다. 그리고 따뜻한 입맞춤.

자연은 저리 의연하거늘. 우리네 인간은 나약도 하여라. 그날은 유난히 범섬 앞 작은 섬이 마치 무언가 마을을 바라다 보며 갈구하는 듯 보였다. 무슨 또 다른 생명이 탄생하는 듯도 보이더니만. 2013년 구럼비바위도 멍 뚫렸다. 이 멍 뚫린 가슴들 어찌하나.

♬ **그들처럼 (최상돈 글, 곡)**
구럼비 바위처럼 범섬의 소나무처럼 평화의 정령들과 함께 영원히
한라산 불어오는 강정천 바람처럼 파도가 만들어주는 악근내 노래처럼

산국

4·3의 겨울은 강덕환 시인의 시처럼 '그해 겨울은 춥기도 하였네'다. 그리고, 그 세월 지나 21세기 민중의 표현방잇은 촛불로 바뀌었다. 그 촛불이 횃불이 되어 따뜻하던 지난 겨울들은 정말 위대하였다. 하지만, 촛불혁명을 기억하는 촛불선언문에 제주4·3역사는 없다. 부산민주공원에 걸린 민중항쟁에도 없다. 동학에서 3·1혁명, 4·19에서 5·18광주민주화운동, 그리고 6월민주항쟁 등 모두 있지만 4·3은 없다. 죽음의 무게가 워낙 커서일까? 올바른 나라를 만들려던 제주도민들의 꿈은 아직 새왓ᄆ루, 그 산전에 남은 벌러진(쪼개진) 솥단지 같은 존재다.

1901년 봄, 당시 대한제국 조정의 조세 수탈과 프랑스 제국주의, 이에 결탁한 천주교회의 폐단에 맞서 신축제주항쟁이 일어난다. 그해 5월, 제주섬을 휘돌아 모인 민군은 제주성을 함락하고 제주목관아 앞 관덕정에 모였다. 그리고 천주교인 300여 명을 처형한다. 이에 대한 책임을 스스로 지고, 세 장두-이재수, 강우백, 오대현은 서울로 압송되고 처형된다.

1947년 3월 1일은 3·1만세운동 28주년이던 날, 독립운동의 역사를 이어받아 온전한 통일독립국가를 원한 제주민중은 대정에서만 6천이, 관덕정을 중심으로 한 북초등학교 일대에는 3만여 인파가 모여 기념대회를 하였다. 단독선거를 추진하려는 것에 맞서 '통일독립전취하자!' 깃발을 올렸다. 흩어질 위기에 대한 공동체를 지키려는 소리다. 그러나 제국주의는 그들의 방법대로 총을 쏘았다. 대토벌로 사람을 죽이고 나서 저강도로 점령하여 갔다.

1947년 3월 10일 거의 모든 제주도민이 참여한 민관총파업… 당시 제국주의 권력인 미군정에 맞서 일본제국주의를 극복하자는 결기였다. 그 외침,

70년이 지난 현재도 미완의 결기로 남았다. 친일청산 없이 이어진 권력은 그대로 제국주의 미국에 사대하고 있으며, 1948년 8월 15일을 건국이라 칭하여 자신들의 친일역사를 지우려 하고 있다. 억지로 항일을 침을 바르고 말하면서도 '종북'을 팔아 반미를 차단시키고 있다. 일제강점기에 항일을 말하지 못하게 하던 사람들의 후손들이기에. 독립군 때려잡던 '다카키마사오-박정희'를 추앙하는 사람들이기에. 대마도는 어디 땅인지는 궁금하지 않을 터다.

민중은 스스로를 표현하는 방법으로 광장에 모인다. 동학농민들은 보은 광장에 모여 집강소를 이루었고, 제주민중들은 관덕정광장에 모였다. 관덕정 광장이 분수대에 왜곡되던 1987년 6월, '타는 목마름으로' 아침을 부르던 '아침이슬'들은 그 분수대 물에 뛰어들어 뜨거운 갈증을 삭히곤 하였다. 이는 마치 전남도청 앞 광장에 있는 분수대 위로 시민군 함성이 드높던 1980년 5월 광주의 작은 그림인지도. 대한민국이 모인 광화문광장 너머로 백악(북악)이 푸른 2017년. 직접참정권이 없던 시기보다 광장은 그 뜨거움이 덜 할진 모르나 작은 촛불이 모여 만든 횃불은 광장을 따뜻하게 채워가고 있다.

순례를 돌아보면 작은 광장이란 생각도 든다. 잃어버린 마을 터를 가면 '광고판 거리'란 공간을 늘 마주한다. 그곳은 마을 광장이었다. 그 광장에서 꾸던 미래가치, 꿈은 짓밟히고, 무시당하고, 이별하고, 죽었다. 그리고, 살아남은 이들이 있음에 그 세월은 바람처럼 우리에게 전해지고 있다. 그 살아온 세월이 고마운 우리 후손들, 그 후손의 마음으로 걷겠다 했던 순례길이다. 그래서 첫 순례였던 그날을 다시 그린다.

산국, 어쩌면 가을들판 억새를 닮은 듯, 별 보며 이별하고 그리워하는 꽃.

산전길에서 여름 산수국을 만난 날, 그 이름에서 한라산 들녘 노란 산국을 떠올렸다. 일제강점기 36년 세월 동안 조선민중들은 얼마나 많은 이별-죽음으로 독립을 갈망했을지. 동백은 피고 지더니. 그 자리 산국이 다시 핀다.

산전가는 길

2006년 2월 26일 이른 10시, 제주시 신산공원에 있는 4·3해원방사탑으로 순례동행들이 모여듭니다. 24명. 방사탑에 예를 드리고 찾은 곳은 '새왓ᄆᆞ루'를 찾았습니다.

새(草)가 많은 밭이란 뜻으로, 제주섬 최장 '천미천' 상류에 깊은 계곡과 언덕을 품고 있어서 4·3항쟁 시기 유격대의 근거지 역할은 물론 그들과 이웃하여 주민들이 겨울나기 흔적들-집터 등이 지금도 남아있습니다. 지금은 세월을 머금은 식생이 옛 기억들을 흐려놓지만, 아직도 그곳에 부는 바람은 여전하고 까마귀 울음 또한 여전합니다.

순례자들이 맨 먼저 하는 것은 진설입니다. 이 진설은 앞으로 있을 순례길에 기준점이 될 것입니다. 절을 합니다. 두번 하는 사람, 세번 하는 사람. 네번 하는 사람도 있습니다. 죽은 조상 앞이라면 두번이겠지만, 그해 겨울 우리를 품어준 자연에 대한 절이기도 하기에, 형식에 구애 없습니다. 진설 또한, 가지고 간 음식들로 차려집니다. 커피나 담배는 물론, 별의별 음식들로 진설이 이뤄집니다.

이제 역사 속 이름들을 불러내어 잔을 내드립니다. 잊고 싶은 기억, 그러나 살아선 결코 잊지 못하는 기억. 그날의 사람들은 여기 없지만, 그 꾸었을 꿈의 크기는 가늠치 못하여도, 화석으로 남을지라도 영원히 기억하여 기억될 역사를 마중갑니다.

♬ 잔내는 소리 (최상돈 글, 제주굿소리 빌림)
(후) 저먼정 나사면은 소리소리 들립네다 소리소리 들립거든 주잔권잔 드립네다
인간사 죽음에도 가지가지 되옵네다 / 비명횡사 무병장수 혼자 죽고 같이 죽고
전쟁터에 쫓겨 죽고 살기 위해 죽이고 / 나를 위해 혼자 죽고 남을 위해 홀로 죽고
갑오년 농민항쟁 3·1운동 독립투사 / 세화리에 잠녀항쟁 신축년 이재수에
무자기축 4·3시절 한라산에 묻히고 / 4·19에 5·18에 유월항쟁 민주열사
분단된 나라에서 통일운동 벌이다가 / 먼저 가신 영혼님네 문익환을 비롯하여
글로 쓰고 노래하고 그림으로 몸으로 / 한평생을 예술활동 김남주를 비롯하여
효순이 미선이도 윤금이도 드립네다 / 이라크도 거념이요 김선일도 거념이요
농민열사 노동열사 제주사랑 양용찬 / 못다 부른 영혼님네 모두모두 거념이요

순례길은 종종 많은 예술가치들이 공유되곤 합니다. 예전 물장올 입구에서 산전을 가로질러 남조로 붉은오름까지 걸었던 기억이 있습니다. 날이 어둑어둑 해져서야 버스에 몸을 실었던 참 소중하고 고귀한 순례였습니다. 눈밭을 밟으며 낙엽을 걸으며 새소리 물소리 바람소리와 함께 걷던 순례길, 그 순례길에서 이종형 시인은 시를 발표하였습니다.

♬ 山田가는 길 (이종형 詩)
하악이 다 떨어져 나간 노루의 두개골을 주웠다

살도 뼈도 다 녹아 사라지고 / 두 갈래 뿔만 남은 얼굴이다 //

젊은 목숨이었을 게다 / 잘생긴 사내였을 게다

장딴지의 팽팽한 근육으로 / 이 숲을 바람처럼 날아다녔을 게다 //

그 겨울, 이 숲에 깃든 목숨들이 다만 / 젊은 노루뿐이었으랴 //

무자년에 찍힌 발자국을 따라 山田가는 길

배낭 위에 고이 얹혀진 뿔에, 다시 / 뜨거운 피가 돌고 있다

♬ 이덕구山田 (김경훈 詩. 김강곤 曲)

우린 아직 죽지 않았노 / 우리의 싸움은 아직 끝나지 않았노라

내 육신 비록 비바람에 흩어지고 / 깃발 더 이상 펄럭이지 않지만

울울창창 헐벗은 숲 사이 / 휘돌아 감기는 바람소리 사이 / 까마귀 소리 사이로

나무들아 돌들아 풀꽃들아 말해다오 / 말해다오 메아리가 되어

돌 틈새 나무뿌리 사이로 / 복수초 그 끓는 피가

눈 속을 뚫고 일어서리라 / 우리는 싸움을 한번도 멈춘 적이 없었노라

4·3역사를 이야기함에 다양한 화두들이 있습니다. 이는 정명-역사 이름 짓기에도 기준이 될 내용들입니다. 그중 우리와 가까이 있는 게 공원 이름에도 붙은 '평화'입니다. 우리 순례는 이 영원히 추구해야 할 가치인 평화는 잊지 않을 것입니다. 그리고 진상규명 과정에 있었던 화두들은 더욱 기억할 것입니다.

역사는 기억입니다. 기억하려는 것, 그것이 역사입니다.

대하소설 '화산도(火山島)'로 1998년 일본에서 '마이니치예술상'을 수상한 김석범 선생(제1회 4·3평화상 수상자)은 '기억의 부활'이란 표현을 했습

니다. 기억이 말살당해 역사가 없다 했습니다. '기억을 잃어버려 주검과도 같다. 지배자들은 기억을 뿌리째 뽑아 죽음에 한없이 가까운 망각으로 밀어넣어, 사람들을 시체와 같이 취급해왔다'고 했습니다.

　순례는 역사 마중입니다.

　역사를 마중간다는 것은 그 역사를 산 사람들을 만나는 것이기도 합니다. 당시 꾸었던 꿈, 그 가치를 만나는 것. 그 꿈-역사적 가치는 이어지고 있는지. 현재 우리보다 더 건강한 역사관, 가치관을 지니고 살았을지 모를 그들. 최소 3만의 죽음들을 기억한다는 것은 그들의 명예를 기억하고 되살리는 것입니다. 그 명예는 당당하여야 하며, 정의로워야 합니다. 명예를 회복하는 것. 그것은 현재 우리가 사는 제주섬에 대한 명예로도 이어질 것입니다.

　1901신축년, 이재수 장두에 의해 희생된 천주교인들 묘역이 있는 황새왓을 지나 다시 4·3해원방사탑으로 돌아가는 순례-산전 가는 길, 이제 이 길은 물 막은 제주섬을 돌아 바다 건너 물건너로 이어질 것입니다. 오사카를 가며, 북간도 벌판을 가며, 타이완을 갈 것입니다. 기억의 부활-되살리는 역사. 그 명예회복을 위해. 순례동행들은 늘 그렇게 산국이 핀 길을 걸으며 세월을 갑니다.

　　3월이면 제주시내를 걸으며 1947년 봄의 가치-통일독립을,
　　4월이면 개오리오름에 올라 삼백 예순 오름들이 부르던 산전의 노래를,
　　5월이면 진달래 흐드러지던 '한라산자락백성들'을,
　　6월이면 물 막은 섬으로 이별하던 '이어도 연유'를, 형무소에 부는 바람을
　　7월이면 흰국화대신 검은 고무신을 따라가던 섯알오름 새벽길을,
　　8월이면 속냉이골에 모이는 초가을 아름다운 연인을,

9월이면 무명천 풀어 이어낸 역사-노란 선인장, 진아영을,

10월이면 산국 흐드러지는 억새 벌판을 입산하던 약속을,

11월이면 임 마중 가던 사람들 발자국을,

12월이면 다랑쉬에, 토산리마을에 뜬 달을,

1월이면 북촌리 바람을 맞으며 꽃놀림하던 통곡을,

2월이면 눈밭을 걸으며 새소리 불소리 듣던 그 사람을.

산국
(2016)

최상돈 글, 곡